GUÍA
BÍBLICA
BÁSICA

Libros de Jim George publicados por Portavoz

GUÍA BÍBLICA BÁSICA

Resúmenes libro por libro,
versículos clave, aplicaciones
para la vida

JIM GEORGE

EDITORIAL
PORTAVOZ

La misión de *Editorial Portavoz* consiste en proporcionar productos de calidad —con integridad y excelencia—, desde una perspectiva bíblica y confiable, que animen a las personas a conocer y servir a Jesucristo.

Título del original: *The Basic Bible Pocket Guide,* © 2016 por Jim George y publicado por Harvest House Publishers, Eugene, Oregon 97402. Traducido con permiso.

Edición en castellano: *Guía bíblica básica,* © 2018 por Editorial Portavoz, filial de Kregel Inc., Grand Rapids, Michigan 49505. Todos los derechos reservados.

Traducción: Dabar Editores
Diseño de portada: Dogo Creativo

Ninguna parte de esta publicación podrá ser reproducida, almacenada en un sistema de recuperación de datos, o transmitida en cualquier forma o por cualquier medio, sea electrónico, mecánico, fotocopia, grabación o cualquier otro, sin el permiso escrito previo de los editores, con la excepción de citas breves o reseñas.

A menos que se indique lo contrario, todas las citas bíblicas han sido tomadas de la versión Reina-Valera © 1960 Sociedades Bíblicas en América Latina; © renovado 1988 Sociedades Bíblicas Unidas. Utilizado con permiso. Reina-Valera 1960™ es una marca registrada de la American Bible Society, y puede ser usada solamente bajo licencia.

El texto bíblico indicado con "nvi" ha sido tomado de *La Santa Biblia, Nueva Versión Internacional*®, copyright © 1999 por Biblica, Inc.® Todos los derechos reservados.

EDITORIAL PORTAVOZ
2450 Oak Industrial Drive NE
Grand Rapids, Michigan 49505 USA
Visítenos en: www.portavoz.com

ISBN 978-0-8254-5759-3 (rústica)
ISBN 978-0-8254-6652-6 (Kindle)
ISBN 978-0-8254-7468-2 (epub)

1 2 3 4 5 edición / año 27 26 25 24 23 22 21 20 19 18

Impreso en los Estados Unidos de América
Printed in the United States of America

Esta guía básica proporciona rápidos resúmenes de los 66 libros de la Biblia. A medida que leas estos resúmenes, descubrirás el mensaje principal que Dios quiso dar a sus lectores en cada libro de la Biblia, así como un "mensaje de vida" exclusivamente para ti.

Desde el punto de vista general, la Biblia se divide en dos secciones principales:

Antiguo Testamento

Es una colección de 39 libros, que se dividen en las siguientes categorías principales:

Historia: Los primeros 17 libros (de Génesis a Ester) nos cuentan de la historia de la creación pasando por la formación y destrucción de la nación de Israel.

Poesía: Los siguientes cinco libros (de Job al Cantar de los Cantares) usan la poesía hebrea para profundizar en asuntos tales como el sufrimiento, la sabiduría, la vida, el amor y, lo más importante, el carácter y la naturaleza de Dios.

Profecía: Los últimos 17 libros (de Isaías a Malaquías) fueron escritos por hombres designados para "hablar" en nombre de Dios. Sus mensajes buscaban suplicar y advertir al pueblo de Dios acerca de que la desobediencia continua los conduciría al desastre. En medio de estas terribles advertencias estaba un claro rayo de esperanza de que el Mesías venidero proporcionaría una solución.

Nuevo Testamento

Al igual que el Antiguo Testamento, no es un libro, sino una colección de 27 libros individuales que reflejan una amplia gama de temas, formas literarias y propósitos.

Historia: Los primeros cinco libros (de Mateo a Hechos) registran los acontecimientos de la vida y los tiempos de Jesús, el Mesías, que fue profetizado en el Antiguo Testamento. Hechos registra la difusión de las buenas nuevas de salvación que Jesús ofrece, empezando por Jerusalén y llegando a las partes más remotas de la tierra.

Doctrina: Los últimos 22 libros (de Romanos a Apocalipsis) contienen cartas con enseñanzas e instrucciones sobre la verdad y la práctica cristianas.

Una palabra personal

Es mi esperanza que la *Guía bíblica básica...*

—se convierta en una herramienta útil que te ayude a estudiar la Biblia,

—te guíe a conocer mejor el singular mensaje de salvación de Dios para la humanidad, y

—te estimule a comprender las sorprendentes verdades de la Palabra de Dios que cambian vidas.

Génesis

En el principio creó Dios los cielos y la tierra (1:1).

Tema: Comienzos
Fecha de escritura: 1445–1405 a.C.
Autor: Moisés
Escenario: Oriente Medio

GÉNESIS habla de los comienzos. Dios comienza la Biblia, su revelación escrita, con acontecimientos importantes tales como la creación del universo, la caída del hombre a causa del pecado, el diluvio como resultado del juicio de Dios y la fundación de la nación de Israel. En el libro del Génesis, Dios también presenta a los lectores los personajes que serán parte de su plan para redimir a la raza humana.

APLICACIÓN PARA LA VIDA. Al igual que con Abraham, Jacob, José y otros en el libro de Génesis, Dios puede hacer grandes cosas a través de vasijas débiles, y esto te incluye a ti. Este es uno de los maravillosos mensajes del libro de Génesis: el Dios que nos creó no ha terminado con nosotros. Él está en el trabajo de "recrearnos", dándonos nuevos comienzos y ayudándonos a convertirnos en el tipo de personas que Él desea que seamos. Por su gracia y por su plan soberano, tus errores y defectos no te descalifican de ser parte de su gran plan, un plan que todavía está siendo elaborado en ti. Dios es capaz de convertir tus tragedias en triunfos. Sea cual sea tu pasado y cualesquiera que sean tus fracasos, haz de esto un día de comienzos, iniciando con la lectura de la Biblia.

Dónde encontrarlo

Oración. Señor, mostraste gracia y misericordia a los hombres y mujeres en Génesis, y te agradezco por extenderme esa misma gracia y misericordia.

Dios usa a personas imperfectas,
fracasadas y heridas para cumplir
su perfecta voluntad.

Éxodo

*Y he descendido para librarlos de mano
de los egipcios, y sacarlos de aquella tierra
a una tierra buena y ancha… (3:8).*

Tema: Liberación
Fecha de escritura: 1445–1405 a.C.
Autor: Moisés
Escenario: De Egipto al monte Sinaí

ÉXODO nos relata los acontecimientos acerca de la liberación. Después de ser esclavos durante 400 años, Dios liberó a su pueblo escogido. Moisés se presentó ante el faraón y le pidió que dejara a los israelitas salir de Egipto. Sin embargo, el faraón rechazó esta petición y Dios envió diez dramáticas y milagrosas plagas para convencer al faraón de que dejara ir al pueblo. La última plaga fue la muerte del primogénito egipcio, pero el primogénito israelita fue preservado gracias a la sangre del cordero de la pascua, rociada sobre los dinteles de cada casa israelita. Al final, el faraón permitió el éxodo masivo y maravilloso. Sin embargo, era difícil para los israelitas adaptarse a la libertad. La esclavitud en Egipto tenía sus beneficios y el pueblo de Dios a menudo miraban con añoranza hacia atrás, olvidando que habían sido tratados de forma inhumana.

APLICACIÓN PARA LA VIDA. Como lo hizo con los israelitas, Dios te extiende la liberación de la esclavitud —esclavitud al pecado—, por medio de la sangre derramada del Cordero perfecto de Dios, el Señor Jesucristo. Pero, al igual que los israelitas, a menudo somos tentados a mirar hacia atrás, anhelando los placeres del pecado y olvidando la dura crueldad de vivir bajo su esclavitud. Deja que el Éxodo te recuerde de tu liberación por medio de la sangre de Jesús. ¡Sigue mirando hacia adelante! Sigue recordando la gloria de Dios y la victoria de su Hijo sobre el pecado, incluyendo tu pecado.

Dónde encontrarlo

Oración. Señor, ayúdame a recordar siempre la gloria de la victoria de tu Hijo sobre el pecado, sobre mi pecado.

Dios escucha los gritos de su pueblo
sufriente y los libera.

Levítico

Porque yo soy Jehová vuestro Dios… y seréis
santos, porque yo soy santo (11:44).

Tema: Instrucción
Fecha de escritura: 1445–1405 a.C.
Autor: Moisés
Escenario: Monte Sinaí

LEVÍTICO trata sobre la instrucción. Ha pasado un año desde que el pueblo de Dios salió de Egipto. Durante este año, han tenido lugar dos nuevos avances en la relación de Dios con su pueblo. Primero, la gloria de Dios reside ahora entre los israelitas; y segundo, existe un lugar central de culto, el tabernáculo. Pero es evidente que la gente tenía muy poco conocimiento de cómo adorar y vivir para Dios. Dios usó a su siervo Moisés para entregar instrucciones al pueblo, para que viva de manera santa en respuesta a la santidad de Dios. El énfasis en la santidad y el carácter de Dios se repite más de 50 veces a través de las frases "Yo soy Jehová" y "Yo soy santo".

APLICACIÓN PARA LA VIDA. Ya sea que te des cuenta o no, tus perspectivas cristianas están siendo desafiadas o distorsionadas por la cultura pagana que te rodea. Tu forma de adorar y tu moralidad están siendo constantemente influenciadas —moldeadas o conformadas— por una sociedad impía. Pero Dios nos da su libro de instrucciones, la Biblia, para corregir cualquier valor deformado, enseñar cómo vivir adecuadamente y cómo adorarlo. Ten mucho cuidado de no pasar por alto las instrucciones de Dios. Lee tu Biblia para que entiendas lo que exige un Dios santo para vivir de una manera santa. Presta atención siempre a las instrucciones de Dios.

Dónde encontrarlo

Oración. Señor, dame la disciplina que necesito para leer diariamente tu Palabra a fin de ser influenciado por ella diariamente, y así poder vivir una vida santa.

Te estás transformando en una de dos imágenes, ya sea la de Dios, o la del mundo. ¡Toma la decisión correcta!

Números

Estas son las jornadas de los hijos de Israel, que salieron de la tierra de Egipto por sus ejércitos, bajo el mando de Moisés y Aarón (33:1).

Tema: Viajes
Fecha de escritura: 1445–1405 a.C.
Autor: Moisés
Escenario: El desierto

NÚMEROS trata sobre los viajes del pueblo de Dios. Antes de que Israel pudiera entrar en la tierra prometida, 12 espías fueron enviados a esta tierra para determinar la fuerza del enemigo. Diez de los espías dan un informe muy temeroso y negativo, diciendo que no había manera de conquistar la tierra. Este informe negativo afectó a todo el ejército. Se enfocaron en el tamaño de su enemigo más que en el tamaño y la grandeza de su Dios. ¿La consecuencia de su incredulidad? El pueblo de Dios tuvo que vagar por 40 años en el desierto antes de entrar en la tierra prometida. Escrito en el último año de la vida de Moisés, el libro se centra en los acontecimientos que rodean a los 12 espías y la falta de voluntad del pueblo para entrar en la tierra, y en el cuadragésimo año, justo antes de que una nueva generación entrara en la tierra prometida. Este viaje de 40 años registra las experiencias de dos generaciones de la nación de Israel.

APLICACIÓN PARA LA VIDA. Solo dos espías dieron un informe positivo porque se centraron en el poder de Dios y sus promesas. Cuando te enfrentes a desafíos, aprende de Josué y Caleb, y responde con fe. Céntrate en lo positivo que es el poder de Dios, y no en lo negativo o el problema que te afecta en tu viaje por la vida. Sí, el enemigo es poderoso, ¡pero Dios es todopoderoso!

Dónde encontrarlo

Oración. Señor, dame ojos de fe y aun cuando las probabilidades sean abrumadoras, yo creeré en tus promesas.

Ten cuidado con la incredulidad
de los demás. ¡Es contagiosa!

Deuteronomio

¿Qué pide Jehová tu Dios de ti, sino que temas a Jehová tu Dios, que andes en todos sus caminos…? (10:12).

Tema: Obediencia
Fecha de escritura: 1445–1405 a.C.
Autor: Moisés
Escenario: Las llanuras de Moab

DEUTERONOMIO trata acerca de la obediencia. Israel estaba acampando al este del río Jordán, frente a la ciudad amurallada de Jericó. Habían pasado 40 años desde que los israelitas salieron de Egipto. El libro registra la comunicación verbal de la revelación divina de Dios que Moisés había recibido durante los últimos 39 años, mientras vagaban por el desierto. Su audiencia es la nueva generación que necesita instrucción para prepararse para entrar en la tierra prometida. Deuteronomio revela mucho sobre el carácter y la naturaleza de Dios. ¡Qué afortunado es el mundo de tener este testimonio escrito acerca de las expectativas de Dios para su creación! Moisés, el líder del pueblo de Dios, no entraría en la tierra prometida, pero antes de morir, recuerda fielmente a la gente que la santidad de Dios requiere que Él honre la obediencia y castigue la desobediencia.

APLICACIÓN PARA LA VIDA. Las instrucciones de Moisés acerca del carácter de Dios siguen siendo relevantes en la actualidad. Aprender acerca de Dios te ayudará a amarlo y buscar la santidad personal. Dios es el modelo que debes seguir. Él es santo, y espera de su pueblo un comportamiento santo. Como cristiano, eso te incluye a ti. Tienes que amarlo en obediencia con todo tu corazón, con toda tu alma y con todas tus fuerzas (Deuteronomio 6:5).

Dónde encontrarlo

Oración. Querido Señor, gracias por tu modelo de santidad que se encuentra en tu Palabra, la Biblia. Por tu gracia, ayúdame a cumplir con este modelo.

*Lee a diario la Palabra de Dios
y esta guiará tus pasos.*

Josué

… pero yo y mi casa serviremos a Jehová (24:15).

Tema: Conquista
Fecha de la escritura: 1405–1385 a.C.
Autor: Josué
Escenario: Canaán, la tierra prometida

JOSUÉ describe la conquista y el asentamiento en la tierra prometida. Cuando Moisés pasó el liderazgo a Josué (Deuteronomio 34), Israel estaba al final de sus 40 años de haber vagado por el desierto. Josué había sido el fiel discípulo de Moisés durante la mayor parte de esos 40 años, y se acercaba a los 90 años de edad cuando Moisés lo llamó para convertirse en el nuevo líder de Israel. La tarea de Josué era llevar a Israel a la tierra de Canaán, expulsar a los habitantes y dividir la tierra entre las 12 tribus.

La primera tarea de Dios para Josué, como el nuevo líder, fue conquistar Jericó a través de lo que parecía un plan imprudente: rodear la ciudad de Jericó, tocar trompetas y gritar. El pueblo siguió las instrucciones de Dios y las paredes milagrosamente cayeron. Esta tarea era una prueba para ver si el pueblo reconocería que una conquista exitosa siempre proviene del poder de Dios y no de sus propias capacidades.

APLICACIÓN PARA LA VIDA. El libro de Josué enseña que, cuando se trata de luchar las batallas de la vida y obtener la victoria espiritual, la bendición viene a través de la obediencia a los mandatos de Dios. La fe activa no requiere que entiendas todo lo que Dios está haciendo en tu vida ni el por qué. Sométete a la dirección de Dios y observa como los muros de tus problemas, que parecen imposibles, se derrumban milagrosamente.

Dónde encontrarlo

Oración. Señor, aunque no siempre entiendo el por qué, ayúdame a obedecer tu Palabra y cosechar las bendiciones de esta obediencia.

Cuando permites que Dios pelee tus batallas, logras la victoria.

Jueces

*Entonces clamaron los hijos de Israel a Jehová;
y Jehová levantó un libertador… (3:9).*

Tema: Liberación
Fecha de escritura: Alrededor de 1043 a.C.
Autor: Samuel
Escenario: Canaán

JUECES hace referencia a los 12 líderes especiales
que Dios misericordiosamente levantó para liberar a
su pueblo cuando fueron oprimidos como resultado
de su desobediencia. El libro es una secuela trágica
del libro de Josué. En Josué, el pueblo era obediente
a Dios y disfrutaba de la victoria en su conquista de
la tierra. En Jueces, sin embargo, eran desobedientes,
idólatras y a menudo estaban derrotados y oprimidos. El versículo final de Jueces (21:25) da la clave
para entender este período de la historia de Israel:
"cada uno hacía lo que bien le parecía". Sin embargo,
aun con la idolatría generalizada, la inmoralidad y
la violencia en todo Israel, Dios fue siempre fiel en
liberar a su pueblo. Con amor compasivo, Dios con-
tinuó perdonándolos cada vez que clamaban a Él.

APLICACIÓN PARA LA VIDA. ¿Con qué frecuencia
se puede decir que "haces lo que bien te parece"? Es
fácil hacer el mal, ser ingrato, ser terco y rebelde; y
luego te preguntas por qué sufres y vives en total
derrota. El Dios del libro de Jueces es el mismo Dios
hoy. Igual que en aquel entonces, cuando clamas a Él

en arrepentimiento, Él siempre está cerca y es fiel en perdonarte y cumplir sus promesas. ¿Vives derrotado espiritualmente? Clama a Dios. ¡Él está listo para enviarte la liberación!

Dónde encontrarlo

Oración. Señor, te doy gracias porque mi esperanza descansa en saber que tú siempre estás cerca para liberarme de la derrota espiritual.

*No hagas lo que bien te parece; haz
lo que le parece bien a Dios.*

Rut

Tu pueblo será mi pueblo,
y tu Dios mi Dios (1:16).

Tema: Redención
Fecha de escritura: Alrededor de
    1030–1010 a.C.
Autor: Desconocido/posiblemente Samuel
Escenario: Moab y Belén

RUT trata acerca de la redención. Este libro recibe su nombre de una joven moabita, Rut, quien perdió trágicamente a su esposo. Rut decidió abandonar voluntariamente su dios, cultura y pueblo y eligió seguir a su suegra Noemí, de vuelta a Israel. Debido a la fidelidad de Rut en seguir al Dios de Israel, ella recibió grandes bendiciones no solo para ella, sino también para su suegra Noemí. La conducta piadosa de Rut en medio de la impiedad generalizada atrajo la atención de un hombre justo llamado Booz. A causa de la antigua práctica de actuar como un pariente redentor, Booz se levantó para tomar el lugar del esposo fallecido. Como resultado, Rut se casó con Booz y tuvo un hijo que finalmente los colocó, a ella y a su hijo, en la línea genealógica de Jesucristo.

APLICACIÓN PARA LA VIDA. En este libro del Antiguo Testamento hay dos grandes modelos. Primero, a través de Rut, Dios provee un ejemplo de carácter piadoso en medio de un mundo impío. Segundo, este pequeño libro ilustra la obra de Cristo en el Nuevo Testamento. Al igual que Booz, el pariente redentor de Rut, Jesús está relacionado contigo por su nacimiento físico. Él desea redimirte y pagó el precio. Al igual que Rut, debes elegir aceptar la oferta de redención que Cristo te ofrece.

Dónde encontrarlo

Oración. Padre, elijo a Jesús, mi pariente Redentor, y su oferta de redimirme. Quiero vivir para siempre en su presencia en el cielo.

La integridad requiere toda una vida para desarrollarse, pero puede perderse en un momento por medio de una acción imprudente.

1 Samuel

*Ciertamente el obedecer es mejor
que los sacrificios… (15:22).*

Tema: Transición
Fecha de escritura: 930–722 a.C.
Autor: Desconocido
Escenario: La nación de Israel en lucha

1 SAMUEL explica la transición de las 12 tribus individuales de Israel a una nación unificada bajo un rey. El libro puede dividirse en tres partes, respecto a tres personalidades prominentes: Samuel, Saúl y David. Así como Israel estaba en transición, también lo estaban estos tres hombres. A pesar de los cambios que experimentó Samuel y sus circunstancias, él nunca vaciló en su fidelidad a Dios y al pueblo. En cambio, la transición de Saúl de ser una persona común y corriente a ser rey estuvo marcada por el orgullo, el engaño y un corazón cada vez más impenitente.

APLICACIÓN PARA LA VIDA. Ya sea que te des cuenta o no, tu vida cambia constantemente. Por lo tanto, debes reconocer lo crucial que es hacer bien las transiciones. Recuerda, no es la transición en sí la que es crítica, sino cómo respondes a los cambios que vienen en tu camino. ¿Cómo puedes garantizar que tu vida y tus actitudes honren a Dios con cada cambio que se presenta? Como Samuel, permanece fiel y cerca a Dios mediante la oración y el estudio de su Palabra. Así, cuando se presente un momento de transición, estarás preparado para hacer uso de la fuerza de Dios y honrarle con tus actitudes y acciones piadosas.

Dónde encontrarlo

Oración. Señor, cuando una transición venga a mi vida, ayúdame a recurrir a tu fuerza para asegurarme de manejar el cambio correctamente.

Lo importante no es cómo empiezas,
¡sino cómo terminas!

2 Samuel

*Y será afirmada tu casa y tu reino
para siempre… (7:16).*

Tema: Unificación
Fecha de escritura: 931–722 a.C.
Autor: Desconocido
Escenario: Reino unido de Israel

2 SAMUEL inicia donde 1 Samuel termina. Saúl se había ido, y David es declarado rey y gobierna en Jerusalén durante 40 años. El adulterio de David con la esposa de otro hombre y el posterior asesinato deliberado de su esposo marcó el punto de inflexión en la vida y el éxito de David. Dios no aprueba estas acciones. Después de ser confrontado por su pecado, David se dio cuenta de su necesidad de hacer las cosas bien ante Dios por medio de un corazón arrepentido. Desafortunadamente, su arrepentimiento no pudo reparar el daño causado por su pecado. Sí, fue perdonado, y sí, su relación con Dios fue restaurada, pero la lista de los que sufrieron por los pecados de David fue larga y trágica. Desde este punto en adelante, David experimentó continuas luchas tanto dentro de su familia como en la nación.

APLICACIÓN PARA LA VIDA. A pesar de sus defectos, David siguió siendo un hombre conforme al corazón de Dios. ¿Por qué? Obviamente no fue porque David vivió una vida sin pecado. ¡Lejos de eso! Fallaba a menudo en su vida personal, pero, cuando lo hacía, al final se volvía a Dios en arrepentimiento y buscaba la restauración de su relación permanente con Él. ¿Deseas ser un hombre o una mujer conforme al corazón de Dios? Date cuenta de que Dios no busca la perfección, sino que quiere que crezcas espiritualmente. Cuando tropiezas y caes, prepárate para pedir perdón a Dios y seguir progresando en tu fe.

Dónde encontrarlo

El pacto davídico...................... 2 Samuel 7
El pecado de David con Betsabé....... 2 Samuel 11
El pecado de David de numerar al
    pueblo de Israel............ 2 Samuel 24:10-17

Oración. Gracias, Dios, por verme como un ser en progreso. Ayúdame a reconocer rápidamente mis pecados y buscar tu perdón.

> *Las bendiciones llegan cuando eres*
> *obediente a los mandamientos de Dios;*
> *los problemas vienen cuando no lo eres.*

1 Reyes

… Por cuanto… no has guardado mi pacto y mis estatutos… romperé de ti el reino… (11:11).

Tema: Ruptura
Fecha de escritura: 561–538 a.C.
Autor: Desconocido
Escenario: Israel

1 REYES describe cómo, en el apogeo de la afluencia e influencia de Israel, la pequeña nación se hundió en la pobreza y la parálisis, todo porque el pueblo se había alejado de Dios. Los fracasos comenzaron cuando Salomón, hijo de David, dejó de aplicar la sabiduría que Dios le había concedido y empezó a seguir las falsas religiones de sus muchas esposas. El hijo de Salomón, Roboam, tomó malos consejos de sus amigos poco sabios, lo que resultó en la división del reino.

APLICACIÓN PARA LA VIDA. Dios te ha proporcionado muchas maneras de conseguir sabiduría y evitar el fracaso. Resiste tu inclinación a aceptar consejos con soluciones fáciles y rechazar la ayuda que te envía por un camino más difícil. No pases por alto los recursos de Dios, porque pueden ayudarte a asegurar que tus decisiones le honran y bendigan a otros. En otras palabras, el consejo de Dios te evitará caer en el fracaso.

Dónde encontrarlo

Oración. Gracias, Señor, por tu Palabra, el Espíritu y la sabiduría de otros para ayudarme a tomar buenas decisiones.

La sabiduría debe aplicarse diariamente;
no sigas adelante sin ella.

2 Reyes

También quitaré de mi presencia a Judá,
como quité a Israel... (23:27).

Tema: La dispersión
Fecha de escritura: 561–538 a.C.
Autor: Desconocido
Escenario: Reino dividido de Israel y Judá

2 REYES trata acerca de la dispersión. El libro continúa, sin interrupción, registrando la historia de los reinos de Israel al norte y Judá al sur. Incluso con los repetidos mensajes de los profetas de Dios, los líderes y el pueblo en ambos reinos se negaron a obedecer a Dios. Se lanzaron precipitadamente hacia el desastre con cautiverio incluido. Como resultado, Dios permitió a los asirios conquistar el reino del norte y a los babilonios tomar el reino del sur. El pueblo fue llevado cautivo al exilio, y la gloria del reino una vez unido se desvaneció.

APLICACIÓN PARA LA VIDA. Aunque 1 y 2 Reyes son dos libros separados en las Biblias de hoy, originalmente eran uno solo y comparten el mismo tema: cuando los reyes siguieron los caminos del pacto de Dios, ellos y su pueblo prosperaron; pero aquellos reyes que se negaron a obedecer a Dios estaban destinados a enfrentar el juicio. Los reinos divididos proporcionan un ejemplo perfecto de lo que sucede cuando se sigue los caminos de la maldad. Apártate de esos caminos y busca humildemente a

Dios. Llena tu corazón de arrepentimiento. Busca los caminos de Dios al apartarte de cualquier práctica que desagrade al Señor. ¡Este es el camino del perdón y la bendición!

Dónde encontrarlo

Oración. "Examíname, oh Dios, y conoce mi corazón… Y ve si hay en mí camino de perversidad, y guíame en el camino eterno" (Salmos 139:23-24).

*Un ídolo es cualquier cosa
que tengas en más alta estima
que a Dios.*

1 Crónicas

Y entendió David que Jehová lo había
confirmado como rey sobre Israel, y que
había exaltado su reino… (14:2).

Tema: Historia espiritual de Israel
Fecha de escritura: 450–430 a.C.
Autor: Esdras
Escenario: Israel después del cautiverio

1 CRÓNICAS nos relata la historia religiosa de Israel. Los libros de 1 y 2 Crónicas eran originalmente un solo libro en la Biblia hebrea. Fueron divididos en el momento de su traducción del hebreo. El libro de 1 Crónicas cubre el mismo período de la historia de Israel que en 2 Samuel, pero con una diferencia: 2 Samuel relata la historia política de la dinastía davídica y 1 Crónicas relata la historia religiosa hasta la muerte de David. Este libro fue escrito después de los 70 años de cautiverio en Babilonia, para que los exiliados que regresaban pudieran entender el propósito del templo, así como la importancia de la ley y el sacerdocio. El libro de 1 Crónicas fue escrito para proporcionar un repaso de la historia espiritual, a fin de ayudar a los repatriados a recordar las consecuencias del pecado.

APLICACIÓN PARA LA VIDA. Un repaso de la historia espiritual de Israel y las promesas eternas de Dios es una razón importante para leer la Biblia. Las promesas de Dios sobre tu destino eterno están en las Escrituras para que las leas una y otra vez. Así como Dios fue fiel a su pueblo en el pasado, sacándolos del cautiverio, puedes confiar en que Él será fiel en el presente protegiéndote y cuidándote. Recuerda tu identidad en Cristo y mira hacia adelante con confianza, sabiendo que Dios cuidará de ti y de todas las futuras generaciones de creyentes hasta su regreso.

Dónde encontrarlo

El pacto davídico. . . . . .1 Crónicas 17:7-27
David censa al pueblo . . . . .1 Crónicas 21:1-13
Preparativos de David para edificar
    el templo. . . . . .1 Crónicas 22:1-6
Distribución para el sacerdocio . . . . .1 Crónicas 24:1

Oración. Señor, tengo una memoria muy frágil cuando se trata de recordar mi pecado. Recuérdame a menudo el gran precio que pagaste por mi salvación.

Tus errores pasados proporcionan lecciones
valiosas para tu santidad presente.

2 Crónicas

Si mi pueblo… se humilla y ora, y me busca y abandona su mala conducta; yo lo escucharé desde el cielo, perdonaré su pecado y restauraré su tierra (7:14, NVI).

Tema: Herencia espiritual de Israel
Fecha de escritura: 450–430 a.C.
Autor: Esdras
Escenario: Israel después del exilio

2 CRÓNICAS trata sobre el mismo tema que 1 Crónicas. A su regreso del cautiverio, los exiliados debían recordar el templo y el papel de la ley y del sacerdocio en sus vidas. Los dos libros de Crónicas traen a la memoria la pasada gloria de Israel y animan al pueblo a reconstruir su herencia. Comenzando con la época del rey Salomón, esta es una crónica espiritual del linaje de David. Por tanto, se omiten completamente los reyes malvados del reino del norte y su historia.

APLICACIÓN PARA LA VIDA. Igual que Israel, tú estás en esta tierra para representar a Dios. Pero, al igual que Israel, es fácil olvidar quiénes somos y correr ciegamente tras los ídolos de la riqueza, el prestigio y la realización personal. Si haces que cualquier cosa sea una prioridad más alta que Dios, estás adorando a eso y no a Dios; a pesar de lo que puedas profesar con tus labios. El pueblo de Israel no escuchó las advertencias de los profetas de Dios y, como resultado, Dios los castigó. No esperes la mano de disciplina de Dios; examina tu corazón y aleja cualquier cosa que te aparte de un compromiso completo con Dios y su adoración.

Dónde encontrarlo

Reyes que restauraron el templo:

Oración. Señor, examina mi corazón y enséñame cualquier obstáculo o distracción que me esté impidiendo rendirte una adoración sincera y exclusiva a ti.

Dios quiere que tus fracasos sean pequeñas piedras que te ayuden a avanzar en el camino, no rocas en las que tropiezas.

Esdras

Y porque Dios estaba conmigo,
cobré ánimo… (7:28, NVI).

Tema: Restauración
Fecha de escritura: 457–444 a.C.
Autor: Esdras
Escenario: Jerusalén

ESDRAS trata sobre la restauración. Esdras, el autor de 1 y 2 Crónicas, reanuda su relato desde donde lo dejó al final de 2 Crónicas. Los primeros seis capítulos registran el relato del regreso del primer grupo de exiliados a Jerusalén bajo la dirección de un hombre llamado Zorobabel, descendiente directo del rey David. Su tarea era restaurar el altar y las fiestas religiosas, así como sentar las bases para un nuevo templo. Los capítulos 7 a 10 registran el regreso del segundo grupo de exiliados bajo la dirección de Esdras. Como sacerdote y maestro, Esdras debía renovar la espiritualidad y moralidad del pueblo.

El mensaje principal de este libro es que Dios organizó todo lo que sucedió durante la amarga situación anterior (el cautiverio) y que todavía obraría para darles esperanza a los exiliados que regresaban a Jerusalén.

APLICACIÓN PARA LA VIDA. Así como Dios restauró a su pueblo escogido del cautiverio, Él continúa mostrando su gran misericordia y gracia a cada nueva generación de su pueblo, incluida la tuya. No importa lo difícil que sea tu "cautividad" o prueba actual, nunca estarás lejos del amor y misericordia de Dios. La restauración es posible cuando regresas a Él.

Dónde encontrarlo

Oración. Gracias, Señor, aunque lo sienta o no, tu mano siempre está sobre mí.

*Dios obra detrás del escenario para
guiar y dirigir tu vida.*

Nehemías

Les dije, pues: Vosotros veis el mal en que estamos, que Jerusalén está desierta, y sus puertas consumidas por el fuego; venid, y edifiquemos el muro de Jerusalén, y no estemos más en oprobio (2:17).

Tema: Reconstrucción
Fecha de escritura: 424–400 a.C.
Autor: Nehemías
Escenario: Jerusalén

NEHEMÍAS nos presenta una continuación a la narración del libro de Esdras, y relata acerca de la reconstrucción de la muralla alrededor de Jerusalén. Esdras estaba preocupado por la necesidad de reconstruir el templo y restaurar la adoración de Dios. Nehemías, a su vez, se preocupaba por reconstruir el muro e instruir al pueblo en la ley. En medio del proyecto de construcción, Nehemías enfrentó la abrumadora oposición de los enemigos de Dios, que en los últimos 90 años habían logrado bloquear con éxito otros intentos de restaurar el muro. Sin embargo, desde el día en que Nehemías comprendió su parte en el plan de Dios, su confianza en la provisión y protección de Dios fue inquebrantable. Como resultado, incluso en medio de la oposición y dificultades, su confianza en Dios inspiró a otros a depositar también su confianza en Él, y ¡el muro se completó en tan solo 52 días!

APLICACIÓN PARA LA VIDA. Cuando se trata de edificar o reconstruir tu vida espiritual, sigue el ejemplo de Nehemías y recuerda que la Palabra de Dios debe ser fundamental en cada paso que das. ¿Qué importancia das a la Palabra de Dios cuando tomas decisiones? ¿Dónde encaja la verdad de Dios en tus planes? Si quieres construir una vida mejor, mira al modelo de Dios, la Biblia.

Dónde encontrarlo

Oración. Señor, ayúdame a comprender mi parte en tu plan y dame la fuerza para confiar en tu provisión y protección, a fin de no vacilar en el cumplimiento de tu propósito.

La mayoría de las cosas que haces para los propósitos de Dios exigen actos de fe.

Ester

*¿Y quién sabe si para esta hora has
llegado al reino? (4:14).*

Tema: Preservación
Fecha de escritura: 450–431 a.C.
Autor: Desconocido
Escenario: Corte de Persia

ESTER explica la historia de la preservación de la nación. Mientras Esdras y Nehemías tratan con el remanente del pueblo que regresaron a Israel, el libro de Ester habla de los judíos que decidieron quedarse en la tierra de su cautividad. Ester es uno de los dos libros de la Biblia con nombre de una mujer, el otro es Rut. El libro de Ester presenta la historia de una joven judía sin padres que se convirtió en reina del vasto Imperio persa. En medio de una crisis desesperada y aparentemente sin esperanza, esta joven ejerció su influencia y el pueblo judío fue salvado de la aniquilación.

APLICACIÓN PARA LA VIDA. Ester no eligió estar en el palacio del rey ni ser su reina. Pero, desde esa posición, Dios la usó poderosamente para preservar a su pueblo. Sin importar lo que tienes o no, o si tus circunstancias se consideran buenas o malas, Dios puede protegerte y lo hace. Y puede utilizarte para ayudar a su pueblo. Tal vez no veas su poderosa mano que provee y protege, pero puedes estar seguro de que Él obra a tu favor. Dios es tu máxima seguridad y proveedor, y te cuidará.

No permitas que las circunstancias imperfectas te impidan confiar en Dios, y no dejes que una vida difícil te impida servir a Dios.

Dónde encontrarlo

Oración. Querido Señor, dame el valor para defender mis creencias y estar dispuesto a sufrir las consecuencias.

Todos los creyentes —incluido tú— han sido preparados por Dios para un propósito especial.

Job

*Por tanto me aborrezco, y me arrepiento
en polvo y ceniza (42:6).*

Tema: Bendiciones a través del sufrimiento
Fecha de escritura: 2000–1800 a.C.
Autor: Desconocido
Escenario: Tierra de Uz

JOB trata con el problema del sufrimiento. El libro de Job es considerado por muchos estudiosos como el libro más antiguo de la Biblia. Job probablemente vivió durante el mismo período que Abraham. Al igual que Abraham, Job era un hombre rico y recto que temía a Dios. El libro lleva el nombre de Job y describe el fin de sus aires de superioridad moral, mientras él y un grupo de sus amigos luchan con las razones detrás de sus sufrimientos.

Job es una fascinante historia de un rico que se convirtió en pobre y luego volvió a ser rico. Proporciona ideas sobre el problema del sufrimiento, la certeza de la soberanía divina, la actividad de Satanás y una fe que persevera. Job fue puesto a prueba, y su fe permaneció firme porque estaba construida sobre el firme fundamento de Dios.

APLICACIÓN PARA LA VIDA. Dios es sabio y todopoderoso y su voluntad es perfecta. Sin embargo, nuestra mente finita no siempre entiende sus acciones. A menudo, el sufrimiento no parece tener sentido y cuestionamos a Dios y, a veces, hasta alzamos los puños en frustración. Job nos enseña que hay muchas cosas que nunca entenderemos, incluyendo el sufrimiento. Pero hay una cosa que podemos saber: Dios nunca es insensible a nuestro dolor. Su suficiencia compensa nuestra insuficiencia y, al final, nos acercamos más a Él.

Dónde encontrarlo

Oración. Dios, sé que mi sufrimiento tiene siempre un propósito divino. Ayúdame a no preguntar: "¿Por qué?", sino: "¿Qué quieres que aprenda de lo que está pasando en mi vida?".

La suficiencia de Dios compensa mi insuficiencia.

Salmos

La alabanza de Jehová proclamará mi boca; y todos bendigan su santo nombre eternamente y para siempre (145:21).

Tema: Alabanza
Fecha de escritura: 1410–450 a.C.
Autor: Varios autores
Escenario: El cielo y la tierra

SALMOS habla acerca de la adoración y la alabanza. Los salmos son expresiones poéticas de sentimientos humanos y religiosos, y se dividen en cinco secciones o "libros" que comprenden un total de 150 salmos individuales. Los salmos abarcan diez siglos, desde Moisés hasta los días posteriores al exilio del pueblo judío. Estos salmos abarcan una amplia variedad de estilos, propósitos y emociones, tales como: lamento, acción de gracias, alabanza, adoración, peregrinación, petición y penitencia. A pesar de ser escritos por diferentes autores durante cientos de años, están maravillosamente unificados por su tema común de adoración y alabanza a Dios por lo que Él es, lo que ha hecho y lo que hará en el futuro.

APLICACIÓN PARA LA VIDA. Los salmos se centran en Dios y reflejan sus planes para su pueblo. Cuánto más los lees, más comprendes y eres bendecido por lo que aprendes de Dios y su obra como Creador, Redentor, Sustentador y Consolador. Al igual que el salmista, debes sentirte movido a alabar y adorar al Señor.

- —Si necesitas un manual para alabanza y adoración, lee Salmos.
- —Si necesitas entender mejor a Dios, lee Salmos.
- —Si necesitas una fuente de consuelo en tiempos de dolor y angustia, lee Salmos.
- —Si necesitas una guía para tu relación continua con Dios, lee Salmos.

Dónde encontrarlo

Oración. Señor, te agradezco porque cuando me siento distante y alejado de tu presencia, solamente tengo tomar una Biblia y leer un salmo, y así vuelvo a tener una relación revitalizada contigo.

¿Deseas una relación más profunda y más
significativa con Dios? ¡Lee Salmos!

Proverbios

*El principio de la sabiduría es el temor
de Jehová; los insensatos desprecian la
sabiduría y la enseñanza (1:7).*

Tema: Sabiduría práctica
Fecha de escritura: 971–686 a.C.
Autor: Mayormente Salomón
Escenario: Vida cotidiana

PROVERBIOS nos habla de la sabiduría práctica.
Mientras que David es el autor de la mayoría del
libro de Salmos, su hijo Salomón es el autor de la
mayor parte del libro de Proverbios. Salomón llegó al
trono con una gran promesa, Dios le concedió sabiduría más allá de la de cualquier otro hombre de su
día. La gente buscaba el sabio consejo de Salomón.
Desafortunadamente, en sus últimos años, no logró
vivir de acuerdo a las verdades que conocía y de las
que escribió. Se convirtió en el necio contra quien
tan ardientemente prevenía en sus proverbios.

APLICACIÓN PARA LA VIDA. Al leer Proverbios,
debes comprender bien el mensaje de Salomón:
conocer a Dios es la clave de la sabiduría. "El temor
de Jehová es el principio de la sabiduría, y el conocimiento del Santísimo es la inteligencia" (Proverbios
9:10). Luego lee el resto de la Palabra de Dios para
alcanzar más de la sabiduría de Dios. Escucha los
pensamientos y las lecciones no solo del hombre
más sabio del mundo, Salomón, sino también de

muchos otros maestros de la Biblia. Esto es lo que aprenderás leyendo Proverbios, y lo que te permitirá tomar decisiones correctas.

—Elije tus palabras cuidadosamente; estas revelan tu carácter interior.

—Elije trabajar diligentemente. De esta manera ganarás habilidades y Dios será honrado.

—Elije a tus amigos cuidadosamente; son un reflejo de ti.

—Elije el carácter moral y la devoción a Dios. Esto es el éxito ante los ojos de Dios.

Dónde encontrarlo

Sabiduría . . . . Proverbios 2:6; 18:15

Disciplina . . . . .Proverbios 15:18; 16:32; 25:28

Expresión . . . . .Proverbios 16:23-24; 21:23

Amigos . . . . Proverbios 17:17; 18:24; 22:24-25

Dinero . . . . .Proverbios 3:9; 11:28; 13:11

Comida . . . . Proverbios 30:7-9

Ser padres . . . . Proverbios 20:15; 22:6

Oración. Señor, ayúdame a aprender una lección muy importante de la vida de Salomón: Lo importante no es cómo empiezas, sino cómo terminas.

Para crecer en sabiduría,
lee tu Biblia constantemente
y aplica sus verdades fielmente.

Eclesiastés

Teme a Dios, y guarda sus mandamientos;
porque esto es el todo del hombre (12:13).

Tema: Sin Dios todo es vanidad
Fecha de escritura: 940–931 a.C.
Autor: Salomón
Escenario: Final de la vida de Salomón

ECLESIASTÉS es una autobiografía escrita por el rey Salomón al final de su vida, después de alejarse de Dios. Habla de la vanidad aparte de Dios. Como si presentara los resultados de un experimento científico, Salomón, "el Predicador" (1:1), habla de su búsqueda de satisfacción. En cuatro "sermones" relata su descubrimiento de que la vida sin Dios es una búsqueda larga e infructuosa de gozo, significado y cumplimiento. Salomón espera evitar que sus lectores experimenten la amargura de vivir una vida sin Dios que resulta vacía, hueca, infructuosa y sin sentido.

APLICACIÓN PARA LA VIDA. Las observaciones de Salomón se conservan en el libro de Eclesiastés con un propósito: llevarte a buscar la verdadera felicidad solo en Dios. Salomón no está tratando de destruir todas tus esperanzas, está dirigiendo tus esperanzas al único que realmente puede cumplirlas. Salomón afirma el valor del conocimiento, las relaciones, el trabajo y el placer. Sin embargo, te muestra su lugar apropiado a la luz de la eternidad y concluye: "Teme a Dios, y guarda sus mandamientos; porque esto es el todo del hombre" (Eclesiastés 12:13). He aquí un resumen de la comprensión final de Salomón de la vida:

—Solo en Dios puedes encontrar la plenitud real. Nada en esta vida traerá verdadero significado y felicidad aparte de Dios.

—La felicidad verdadera solo viene de la obediencia a Dios.

—La vida sin Dios es una búsqueda larga e infructuosa de gozo, significado y cumplimiento.

Dónde encontrarlo

"Vanidad de vanidades".............. Eclesiastés 1:2

"Nada hay nuevo debajo del sol"..... Eclesiastés 1:9

"Todo tiene su tiempo" .... Eclesiastés 3:1-8

"Todo lo que te viniere a la mano para hacer, hazlo según tus fuerzas" .... Eclesiastés 9:10

"Acuérdate de tu Creador en los días de tu juventud .... Eclesiastés 12:1

Oración. Querido Señor, quiero que el enfoque de mi vida sea honrarte y guardar tus mandamientos. ¡Que este sea mi compromiso diario contigo!

*Toda tu vida debe medirse
a la luz de la eternidad.*

Cantar de los Cantares

Mi amado es mío, y yo suya (2:16).

Tema: Amor y matrimonio
Fecha de escritura: 971–965 a.C.
Autor: Salomón
Época: Al principio del reinado de Salomón

CANTAR DE LOS CANTARES trata sobre el amor y el matrimonio. El joven rey Salomón está escribiendo una canción de bodas, para describir su amor por una hermosa campesina llamada la sulamita y su matrimonio con ella. Esta canción registra el diálogo entre una joven judía y su "amado", el rey de Israel. La tierna canción poética de Salomón nos da la perspectiva de Dios sobre el amor, el sexo y el matrimonio. Este libro de poesía inspirada te da un modelo de las intenciones de Dios para el amor y el matrimonio. Celebra la alegría y la intimidad que conforman una relación romántica entre un esposo y su esposa.

APLICACIÓN PARA LA VIDA. El amor es una poderosa expresión de sentimiento y compromiso entre dos personas dada por Dios. El amor no solo busca la belleza física externa, sino que busca las cualidades interiores que nunca se desvanecen con el tiempo: compromiso espiritual, integridad, sensibilidad y sinceridad. Por lo tanto, tal amor no debe considerarse de manera casual, y la expresión física de este tipo de amor verdadero debe posponerse hasta el matrimonio. En el matrimonio, este amor interno y genuino es lo que impedirá que se alcen muros entre los cónyuges.

Dios se alegra en el amor romántico apasionado entre esposo y esposa. Una pareja debe expresar abiertamente su amor y admiración mutua. Esposo y esposa honran a Dios cuando hacen esto.

Dónde encontrarlo

Oración. Querido Dios, gracias por este recordatorio de que tu inquebrantable e incesante amor por mí es modelado en la relación amorosa entre esposo y esposa. Ayúdame a demostrar mi amor por ti cumpliendo tu voluntad para mi vida.

El matrimonio, con todas sus dificultades,
requiere un esfuerzo continuo.

Isaías

Todos nosotros nos descarriamos como ovejas,
cada cual se apartó por su camino; mas Jehová
cargó en él el pecado de todos nosotros (53:6).

Tema: Salvación
Fecha de escritura: 700–680 a.C.
Autor: Isaías
Escenario: Mayormente en Jerusalén

ISAÍAS trata acerca de la salvación. El libro de Isaías
es el primero de los escritos de los profetas, e Isaías
mismo es generalmente considerado como uno de
los grandes profetas. Su ministerio abarcó los reinados de cuatro reyes de Judá. El tema básico de
este libro se encuentra en el nombre de Isaías, que
significa "la salvación es de Jehová". Isaías describió
la gran necesidad de salvación del ser humano, una
salvación que viene de Dios, no del hombre. Describió a Dios como el Gobernante Supremo, el Señor
soberano de la historia y el único Salvador del ser
humano. Para lograr esta salvación, Dios enviaría
al Mesías, que sería tanto Siervo Sufriente como
Señor soberano. Este Salvador debía salir de la tribu
de Judá y lograría la redención y restauración en su
reino futuro, con la bendición universal tanto para
judíos como para gentiles.

APLICACIÓN PARA LA VIDA. La Biblia advierte que
el juicio de Dios se acerca. Por lo tanto, tú también
necesitas un Salvador. No puedes salvarte a ti mismo.

El sacrificio perfecto de Cristo por tus pecados se predice y se presenta en Isaías. Así como el profeta lo predijo, 700 años más tarde Cristo vino en carne y pagó el precio por el pecado a través de su muerte en una cruz romana. Con su resurrección, Él ha hecho posible la salvación de todos aquellos que se apartan de su pecado y se acercan a Él. ¿Has dedicado tu vida al Señor? Si has experimentado su salvación, continúa siendo fiel y vive a la espera de su pronto regreso.

Dónde encontrarlo

Predicción del nacimiento de Jesús....... Isaías 7:14

Enfermedad y recuperación de Ezequías. . . .Isaías 38

Descripción del siervo sufriente ...... Isaías 49—57

Profecía de la muerte de Cristo en
la cruz ....Isaías 53

El lobo y el cordero apacentados
juntos............................Isaías 65:25

Oración. Gracias, Padre, por cumplir fielmente tu promesa de enviar a tu Hijo, el Señor Jesucristo, a morir por mis pecados.

*Dios es digno de confianza; siempre
cumplirá sus promesas.*

Jeremías

*Mejorad ahora vuestros caminos y vuestras
obras, y oíd la voz de Jehová vuestro Dios,
y se arrepentirá Jehová del mal que ha
hablado contra vosotros (26:13).*

Tema: Juicio
Fecha de escritura: 627–586 a.C.
Autor: Jeremías
Escenario: Jerusalén

JEREMÍAS trata sobre el juicio. Es una autobiografía de la vida y ministerio de Jeremías durante los reinados de los últimos cinco reyes de Judá. Entre 80 y 100 años después de la muerte de Isaías, Jeremías entró en la escena profética. Fue llamado "el profeta llorón" debido a su profundo dolor por una nación que no se arrepentía, así como por la próxima destrucción de Jerusalén y el exilio de su pueblo.

APLICACIÓN PARA LA VIDA. La definición de éxito de la mayoría de las personas incluiría alcanzar riquezas, popularidad, fama, poder o logros. Según estos criterios, Jeremías fue un completo fracaso. Durante 40 años, sirvió como portavoz de Dios y animó apasionadamente a las personas a regresar a Dios. Sin embargo, ¡nadie lo escuchó! Vivió sin dinero, sin amigos y fue rechazado por su familia. A los ojos del mundo, fue un fracaso. Pero a los ojos de Dios, fue una de las personas más exitosas en toda la historia bíblica. ¿Por qué? Porque el éxito, visto por

Dios, implica obediencia. La aceptación o el rechazo por parte de las personas no es la medida de su éxito. Debes vivir una vida que honra y glorifica a Dios a pesar de las tentaciones y presiones que te llevan en la dirección del mundo. El único criterio para tu vida y tu servicio debería ser la aprobación de Dios.

Dónde encontrarlo

El renuevo de David . . . . Jeremías 23:5-6
70 años de exilio predicho . . . . Jeremías 25:11-12
El tiempo de angustia para Jacob . . . . . Jeremías 30:7
El nuevo pacto . . . . Jeremías 31:31-33

Oración. Querido Dios, dame el valor de hablar de lo que creo, aunque esto pueda llevarme a experimentar persecución y rechazo.

Debes ver el éxito desde la perspectiva de Dios, no del mundo.

Lamentaciones

El llanto me consume los ojos; siento una profunda agonía… porque mi pueblo ha sido destruido… (2:11, NVI).

Tema: Lamento
Fecha de escritura: 586 a.C.
Autor: Jeremías
Escenario: Jerusalén

LAMENTACIONES trata acerca del dolor. En este libro, el profeta Jeremías escribió el testimonio de la destrucción de Jerusalén usando cinco poemas funerarios para expresar sus sentimientos de dolor. Pero, como en su libro anterior, Jeremías recordó a sus lectores que Dios no ha abandonado ni abandonará a su pueblo. Dios es fiel y sus misericordias siguen estando disponibles día a día. Él es fiel incluso cuando nosotros somos infieles. ¡Las misericordias de Dios son nuevas cada mañana; grande es su fidelidad! (Lamentaciones 3:23).

APLICACIÓN PARA LA VIDA. A la mayoría de las personas no le gusta dejar que otros vean sus emociones, especialmente si son lágrimas. Sin embargo, lo que hace llorar a una persona dice mucho sobre ella. En el caso de Jeremías, las lágrimas se debían al sufrimiento del pueblo de Dios y la rebelión de ellos contra Él. ¿Qué es lo que te hace llorar? ¿Lloras porque alguien te ha insultado, o porque alguien ha insultado a Dios? ¿Lloras porque has perdido algo que te da placer, o debido a personas espiritualmente perdidas que se niegan a dirigirse a Dios? El mundo está lleno de injusticia, sufrimiento y, sobre todo, rebelión contra Dios, todo lo cual debería conducirte a las lágrimas y a la acción.

Dónde encontrarlo

Oración. Querido Señor, dame un corazón compasivo hacía los que sufren. Que siempre recuerde orar por los que son menos afortunados que yo.

Las lágrimas no son señal de debilidad,
sino de compasión. Un corazón sin
lágrimas es un corazón endurecido.

Ezequiel

Y me levanté y salí al campo; y he aquí
que allí estaba la gloria de Jehová, como la
gloria que había visto junto al río Quebar;
y me postré sobre mi rostro (3:23).

Tema: La gloria de Jehová
Fecha de escritura: 590–570 a.C.
Autor: Ezequiel
Escenario: Babilonia

EZEQUIEL trata acerca de la gloria de Dios. Mientras Jeremías estaba profetizando que la ciudad de Jerusalén pronto caería ante los babilonios, Ezequiel estaba dando un mensaje similar a los cautivos que ya estaban en Babilonia. Ezequiel describió sus encuentros con la gloria de Dios: su gloria celestial, su gloria terrenal en el templo del pasado y su gloria en el templo profetizado para el futuro. En sus mensajes, Ezequiel enfatizó una y otra vez la declaración de Dios de que todas las cosas por venir iban a suceder para que la gente supiera "que yo soy Jehová" (Ezequiel 36:11, 23).

APLICACIÓN PARA LA VIDA. La gloria de Dios es visible para cualquiera que esté dispuesto a mirar hacia los cielos (Salmos 19:1). Su gloria es visible en su preservación del pueblo del pacto y su restauración prometida. Su gloria es visible en su gracia hacia los pecadores arrepentidos durante esta época de la Iglesia. Dios es gloriosamente alabado y adorado.

Pensar en su gloria debería impulsarte a realizar cambios en tu vida que te ayuden a reflejar mejor su naturaleza santa.

Dónde encontrarlo

Oración. Querido Padre celestial, me siento agradecido al saber que tú controlas de forma soberana cada detalle de mi vida y que tienes un propósito para mí. Ayúdame a ser fiel a ese propósito.

Si Dios no tuviera el control de todo,
no podría ser Dios de todo.

Daniel

…el Altísimo Dios tiene dominio sobre el reino de los hombres, y… pone sobre él al que le place (5:21).

Tema: La soberanía de Dios
Fecha de escritura: 530 a.C.
Autor: Daniel
Escenario: Babilonia

DANIEL trata sobre la soberanía de Dios. A lo largo del libro, Daniel enfatiza repetidamente la soberanía y el poder de Dios sobre los asuntos humanos. Daniel, un exiliado, escribió para alentar a los judíos, también exiliados, revelándoles el programa soberano de Dios para Israel durante y después del período de la dominación gentil, "los tiempos de los gentiles" (Lucas 21:24). A pesar de sus circunstancias, Daniel vivió una vida piadosa y ejerció una tremenda influencia en tres reinos: Babilonia, Media y Persia. Como resultado de su carácter sobresaliente, Dios le dio una visión del futuro, comparada solamente con las visiones del apóstol Juan en el libro de Apocalipsis.

APLICACIÓN PARA LA VIDA. Durante sus largos años como cautivo, Daniel se podría haber desesperado. Podría haber pensado que Dios lo había abandonado. Podría haber exclamado: "¿Dónde está Dios?". En lugar de ceder o renunciar, este hombre valiente se aferró a su fe en Dios. Daniel entendió que, a pesar de sus circunstancias, Dios era soberano y estaba elaborando los planes para las naciones, los reyes y los individuos. Daniel es un ejemplo inspirador de integridad para nosotros: vivió una vida piadosa bajo circunstancias menos que ideales en un mundo impío. Sé fiel en tu estudio de la Palabra de Dios, mantén tu vida de oración y sé integro. Entonces, como Daniel, tendrás una influencia marcada en los que te rodean.

Dónde encontrarlo

Oración. Querido Dios, quiero seguir el ejemplo de Daniel y vivir una vida piadosa en un mundo impío. Dame la fuerza para ser intransigente en mi obediencia a tu Palabra.

La integridad nunca deja de estar de moda.

Oseas

*Yo la sembraré para mí en la tierra; me
compadeceré de la "Indigna de compasión",
a "Pueblo ajeno" lo llamaré: "Pueblo mío";
y él me dirá: "Mi Dios" (2:23, NVI).*

Tema: Infidelidad
Fecha de escritura: 755–715 a.C.
Autor: Oseas
Escenario: Reino del norte

OSEAS trata sobre la infidelidad. Es el primero
de una serie de 12 libros denominados "Profetas
menores", no porque sean menos importantes, sino
principalmente debido a la longitud de sus escritos. Cada uno de los libros de los profetas menores
lleva el nombre de su autor. El libro de Oseas detalla
la unión matrimonial, nada feliz, de un hombre y
su esposa infiel, Gomer. Su historia sirve como un
vívido paralelo de la lealtad de Dios y el adulterio
espiritual de Israel. Con dolor empático, Oseas, cuyo
nombre significa "salvación", expuso los pecados de
Israel y los contrastó con la santidad de Dios. El
sufrimiento personal de Oseas le dio una mejor
comprensión del dolor de Dios ante el pecado de
Israel.

APLICACIÓN PARA LA VIDA. Como Oseas, tú también experimentarás momentos de sufrimiento físico
y emocional. Sin embargo, en lugar de amargarte
o renunciar, puedes permitir que Dios utilice tu

sufrimiento para consolar a otros. Permanece fiel a Dios sin importar las circunstancias que te rodean, porque Él es siempre fiel.

Dónde encontrarlo

Oración. Querido Dios, te agradezco que pueda contar con tu fidelidad, incluso cuando yo no siempre soy fiel. Señor, ¡dame la fuerza para resistir la seducción del mundo y serte fiel!

El arrepentimiento es el primer paso en el
camino de regreso a la relación con Dios.

Joel

… convertíos a Jehová vuestro Dios; porque misericordioso es y clemente, tardo para la ira y grande en misericordia… (2:13).

Tema: El día de Jehová
Fecha de escritura: 835–796 a.C.
Autor: Joel
Escenario: Judá/Jerusalén

JOEL trata acerca del "día de Jehová" (1:15). Desde el primer pecado cometido en el jardín del Edén en Génesis, el hombre ha estado en constante rebelión contra Dios. En Joel, la nación de Judá ha tomado su turno al menospreciar las leyes de Dios. En el nombre de Dios, el profeta Joel llama al pueblo a arrepentirse y evitar el desastre venidero. Desafortunadamente, el pueblo no escucha, y seguramente enfrentará su día de juicio, su "día de Jehová".

APLICACIÓN PARA LA VIDA. Nadie quiere oír acerca del juicio de Dios. Pero, el Dios santo, no la naturaleza ni la economía ni cualquier otra cosa, es el único que todos deben considerar. No se puede ignorar u ofender a Dios para siempre. Todos deben prestar atención al mensaje de Dios en su Palabra. Si no lo hacen, se enfrentarán al "día de Jehová". ¿Dónde estás en tu relación con Dios y su juicio venidero? ¿Dónde se encuentra el mensaje de Joel hoy día? No es demasiado tarde para pedir y recibir el perdón de Dios; su mayor deseo es que acudas a Él.

Dónde encontrarlo

Oración. Oh Dios misericordioso, bendigo tu santo nombre y me siento consolado al saber que siempre nos das una advertencia antes de enviar tu juicio. Deseo ser tan fiel como Joel en la advertencia de tu juicio venidero.

*El juicio será para todos los que desprecian
la oferta de la salvación de Dios.*

Amós

Buscad lo bueno, y no lo malo, para que viváis; porque así Jehová Dios de los ejércitos estará con vosotros... (5:14).

Tema: Castigo
Fecha de escritura: 790 a.C.
Autor: Amós
Escenario: Betel, reino del norte

AMÓS trata sobre el castigo. Este profeta ofrece ocho pronunciamientos, divididos en tres sermones y cinco visiones; advirtiendo de un desastre venidero debido a la complacencia, la idolatría y la opresión contra los pobres. Amós no era un profeta profesional, sino un simple pastor de ovejas, un campesino. No obstante, fue comisionado por Dios para traer un durísimo mensaje de juicio al reino del norte de Israel. Sin embargo, debido a la paz y la prosperidad que Israel estaba experimentando en ese momento, el mensaje de Amós cayó en oídos sordos.

APLICACIÓN PARA LA VIDA: La vida de Amós y sus profecías tienen dos mensajes:

Mensaje #1: Dios odia la hipocresía de aquellos que dicen que lo aman, pero viven estilos de vida excesivos e indulgentes. La prosperidad puede fácilmente cegarnos ante la necesidad de compasión hacia los menos afortunados.

Mensaje #2: Dios usa a los no profesionales para servirle. No necesitas un entrenamiento profesional para hablar de Dios y hacer algo cuando veas la injusticia humana o el comportamiento pecaminoso, especialmente de aquellos que se dicen ser cristianos. Solo tienes que seguir el ejemplo de Amós y responder al llamado de Dios con el testimonio de una vida justa.

Dónde encontrarlo

Oración. Querido Señor, sé que a veces me vuelvo complaciente en mi amor por ti y me doy cuenta de que esta actitud tibia puede surgir casi sin previo aviso. Mira mi corazón y renueva mi espíritu diariamente.

*La máscara de la hipocresía puede
engañar a otros, pero no a Dios.*

Abdías

Ni aun resto quedará de la casa de Esaú (v. 18).

Tema: Juicio justo
Fecha de escritura: 850-840 a.C.
Autor: Abdías
Escenario: Jerusalén/ Edom

ABDÍAS se escribió para la nación de Edom, un pueblo que era pariente sanguíneo de los que vivían en Judá y que debió haber ido en su ayuda cuando fueron atacados. Sin embargo, debido a que reaccionaron con indiferencia, Dios envió, a través de Abdías, un mensaje sobre el desastre que les sobrevendría.

APLICACIÓN PARA LA VIDA. Abdías proporciona una clara advertencia de que Dios juzga a los que hacen daño a sus hijos o ayudan al que hace el daño. Si eres hijo de Dios por medio de Jesucristo, estás bajo su amor y protección.

Dónde encontrarlo

Destrucción de Edom . . . . Abdías 1-16
Restauración de Israel . . . . Abdías 17-21

Oración. Querido Señor, te doy gracias porque, como tu hijo, estoy bajo tu eterno amor y protección.

*Los que persiguen al pueblo de Dios
enfrentarán el justo juicio de Dios.*

Jonás

*…sabía que tú eres un Dios… que cambias
de parecer y no destruyes (4:2, NVI).*

Tema: La gracia de Dios para todos
Fecha de escritura: 780–750 a.C.
Autor: Jonás
Escenario: Nínive

JONÁS es la autobiografía de un profeta renuente
que intentó escapar del llamado de Dios en su vida.
No quiso predicar sobre la gracia de Dios y el arrepentimiento a los impíos asirios.

APLICACIÓN PARA LA VIDA. No sigas el ejemplo de
Jonás, ni pases tus días con indiferencia despiadada.
En su lugar, sigue el ejemplo de Dios y desarrolla un
amor genuino por los perdidos.

Dónde encontrarlo

Jonás huye de la presencia de Dios . . . . Jonás 1
Jonás en el vientre del gran pez . . . . Jonás 2
Jonás explica la verdad de Dios en Nínive. . . . Jonás 3
Jonás espera la destrucción de Nínive . . . . Jonás 4

Oración. Querido Señor, me doy cuenta de que no
puedo escapar de tu llamado en mi vida. Dejo mi
lucha ahora mismo y me someto a tu voluntad.

Es imposible huir de Dios.

Miqueas

...qué pide Jehová de ti: solamente hacer justicia, y amar misericordia, y humillarte ante tu Dios (6:8).

Tema: Juicio divino
Fecha de escritura: 735–710 a.C.
Autor: Miqueas
Escenario: Samaria y Jerusalén

MIQUEAS comienza con el juicio por la infidelidad de Israel y termina señalando con énfasis que el Señor tiene la plena intención de cumplir la promesa incondicional que le hizo a Israel.

APLICACIÓN PARA LA VIDA. Dios quiere ver en su pueblo justicia y equidad con misericordia y compasión. Vive una vida piadosa, alimenta estas cualidades, así agradarás a Dios.

Dónde encontrarlo

Oración. Dios, evita que practique mi vida cristiana solamente en la iglesia. Ayúdame a hacerla real todos los días en todos los sentidos y con todos los que conozco.

La auténtica vida cristiana debería reflejarse en actos de justicia.

Nahúm

Jehová… no tendrá por inocente al culpable (1:3).

Tema: Consuelo
Fecha de escritura: 690–640 a.C.
Autor: Nahúm
Escenario: Jerusalén y Nínive

NAHÚM nos lleva de regreso a Nínive. Alrededor de 100 años antes, Dios había salvado a la ciudad de Nínive por medio de la predicación de Jonás. Ahora, según Nahúm, a causa de los pecados de Nínive, esta orgullosa nación será destruida.

APLICACIÓN PARA LA VIDA. El mensaje de Nahúm te da un gran consuelo para los tiempos inciertos que experimentamos hoy. Recuerda que Dios controla todo lo que sucede y puede protegerte y cuidar de ti.

Dónde encontrarlo

DIOS…	NÍNIVE…
Nahúm 1	
es paciente, poderoso y santo	es mala, corrupta y es juzgada
Nahúm 2	
castiga a Nínive	es destruida
Nahúm 3	
detalla la destrucción de Nínive	queda totalmente arruinada

Oración. Señor, gracias por tu Palabra, que me transmite continuamente tu amor y preocupación por mí.

El mismo Dios que odiaba el mal en los tiempos bíblicos, odia el mal hoy día.

Habacuc

...el justo por su fe vivirá (2:4).

Tema: Confianza en un Dios soberano
Fecha de escritura: 607 a.C.
Autor: Habacuc
Escenario: Judá

HABACUC trata acerca de confiar en un Dios soberano. Hacia el final del reino de Judá, las cosas iban de mal en peor. La maldad de Judá hizo que Habacuc, un profeta poco conocido y contemporáneo del profeta Jeremías, se preguntara: "¿Por qué?", con respecto al silencio de Dios y la aparente falta de castigo, ante la desobediencia del pueblo del pacto. El núcleo del mensaje de Habacuc reside en el llamado a confiar en Dios: "El justo por su fe vivirá" (2:4).

APLICACIÓN PARA LA VIDA. Confía en el Dios soberano que solo hace lo correcto. El mensaje de Habacuc llama a confiar en aquel que obra en la vida de su pueblo, incluso cuando parece que el mal ha triunfado. Debido a que Dios es justo y soberano, no dejará que la injusticia continúe para siempre. Tu responsabilidad como creyente es no cuestionar las acciones de Dios, o lo que aparentemente es una falta de acción; más bien, tu obligación es confiar en la integridad de Dios. Como creyente, debes perseverar firmemente en la fe a pesar de lo que te sucede a ti o a los que te rodean.

Dónde encontrarlo

    ¿Por qué los malvados se quedan sin castigo?
    El juicio, aunque lento, llegará.
    "Oh Jehová, he oído tu palabra, y temí. Oh
    Jehová, aviva tu obra en medio de los tiempos,
    en medio de los tiempos hazla conocer; en la ira
    acuérdate de la misericordia" (3:2).

Oración. Dios, tus caminos no son mis caminos y están más allá de mi entendimiento. Ayúdame a confiar en ti… incluso cuando la vida parece imposible e incomprensible.

La fe no es un acto momentáneo.
Es una forma de vida.

Sofonías

*Buscad a Jehová todos los humildes
de la tierra… (2:3).*

Tema: "El día grande de Jehová"
Fecha de escritura: 635–625 a.C.
Autor: Sofonías
Escenario: Jerusalén

SOFONÍAS advierte del "gran día de Jehová" (1:14), un día de juicio, primero sobre Judá y luego sobre las naciones gentiles rebeldes.

APLICACIÓN PARA LA VIDA. Como cristiano, tu futuro es seguro. Si reconoces a Jesús como Señor, escaparás, junto con el remanente justo de Israel, del día venidero de Jehová.

Dónde encontrarlo

Anuncio de la llegada del día del juicio
de Judá . . . . Sofonías 1
Un llamado al arrepentimiento . . . . Sofonías 2
La llegada de la ira y la restauración. . . . . . Sofonías 3

Oración. Señor, no importa lo difícil que sea la vida ahora, espero un día de gozo cuando Cristo regrese para restaurar todas las cosas como deberían ser.

*Vive con confianza el presente, porque
tu futuro está seguro en Cristo.*

Hageo

Pues así ha dicho Jehová de los ejércitos:
Meditad bien sobre vuestros caminos (1:5).

Tema: Reconstrucción del templo
Fecha de escritura: 520 a.C.
Autor: Hageo
Escenario: Judá

HAGEO habla de tener las prioridades correctas. Dios comisiona a Hageo para animar al pueblo judío no solo a reconstruir el templo, sino también a poner orden a sus prioridades espirituales.

APLICACIÓN PARA LA VIDA. Hageo te está haciendo la misma pregunta que le hizo al pueblo de Israel: "¿Estás construyendo tu propia casa y permitiendo que la casa de Dios y los ministerios estén descuidados?".

Dónde encontrarlo

Orden de construir la casa de Dios.........Hageo 1
Ánimo para terminar la casa de Dios.......Hageo 2

Oración. Querido Señor, ayúdame a revisar mis prioridades con frecuencia y preguntarme: "¿Mis prioridades están alineadas con las tuyas?".

Dios recompensa a aquellos que lo ponen a Él
en primer lugar y buscan hacer su voluntad.

Zacarías

*... Regresaré a Sión, y habitaré
en Jerusalén... (8:3, NVI).*

Tema: La liberación de Dios
Fecha de escritura: 520–480 a.C.
Autor: Zacarías
Escenario: Jerusalén

ZACARÍAS y su ministerio ocurre, en parte, al mismo tiempo que el de Hageo y la reconstrucción del templo. La reconstrucción del templo, dice Zacarías, es solo el primer acto del drama de la historia de Dios. El siguiente sería la venida del Mesías.

APLICACIÓN PARA LA VIDA. Hoy puedes tener liberación, liberación espiritual, al poner tu fe y confianza en Jesús como tu Salvador y tu Rey.

Dónde encontrarlo

Oración. Querido Señor, te doy gracias por haberme dado la liberación espiritual del poder del pecado por medio de Jesús.

*Dios ha prometido la liberación y
siempre cumple sus promesas.*

Malaquías

¿Robará el hombre a Dios? Pues vosotros me habéis robado. Y dijisteis: ¿En qué te hemos robado? En vuestros diezmos y ofrendas… Traed todos los diezmos al alfolí y haya alimento en mi casa; y probadme ahora en esto, dice Jehová de los ejércitos… (3:8, 10).

Tema: Reprobación del formalismo
Fecha de escritura: 430 a.C.
Autor: Malaquías
Escenario: Jerusalén

MALAQUÍAS trata sobre el ritualismo. Este es el último libro del Antiguo Testamento. El pueblo de Israel ha regresado del cautiverio y ha aprendido su lección sobre la idolatría. El profeta Malaquías, al igual que sus contemporáneos Esdras y Nehemías, hace mención a muchos otros males, como la codicia, la mundanalidad, la falta de preocupación por el templo de Dios y las ofrendas. El pueblo, incluyendo los sacerdotes, recibió el último mensaje de juicio de Dios por su apatía y ritualismo. Pasarían otros 400 años de silencio antes de que Juan el Bautista llegara con el mensaje de Dios y la inminente llegada del Mesías. Curiosamente, el mensaje proclamado por Juan fue el mismo: "Arrepentíos" (Mateo 3:2).

APLICACIÓN PARA LA VIDA. El pueblo de Dios se equivocó al pensar que sus esfuerzos religiosos mediocres garantizarían las bendiciones de Dios. Cuando Él no los bendijo, ellos cuestionaron el carácter de Dios. ¿Esto te suena familiar? Dios quiere bendecirte, pero no por tu servicio religioso aparente. Él quiere tu corazón, tu interior, tu obediencia. Bien dijo el profeta Samuel: "¿Se complace Jehová tanto en los holocaustos y víctimas, como en que se obedezca a las palabras de Jehová? Ciertamente el obedecer es mejor que los sacrificios" (1 Samuel 15:22).

Dónde encontrarlo

Recordatorio del amor de Dios .... Malaquías 1
Reprobación a los sacerdotes
     pecadores .... Malaquías 2
Se maldice el robo a Dios .... Malaquías 3
Se profetiza el regreso de Cristo .... Malaquías 4

Oración. Señor, cuando adoro, ¿estoy simplemente pensando en la forma externa? Mira mi corazón. La apatía hacia ti precede a una adoración infiel. ¡Renueva mi pasión por ti!

Dios no bendice los esfuerzos religiosos. Él
bendice la obediencia que brota del corazón.

Mateo

*Desde entonces comenzó Jesús a predicar,
y a decir: Arrepentíos, porque el reino
de los cielos se ha acercado (4:17).*

Tema: El reino de Dios
Fecha de escritura: 60 d.C.
Autor: Mateo (Leví)
Escenario: Palestina

MATEO nos habla de la llegada del Rey. Mateo
era un recaudador de impuestos hasta que Jesús lo
llamó para convertirse en uno de sus doce discípulos.
Inmediatamente después de responder al llamado de
Jesús, Mateo celebró una recepción para que todos
lo conocieran personalmente (Mateo 9:9-13). Más
tarde, después de que Jesús regresara al cielo, Mateo
escribió a los judíos cristianos que estaban esparci-
dos por todo el Imperio romano. Empezaban a ser
perseguidos y Mateo les escribe para fortalecerles
en su fe y darles un instrumento para evangelizar
en sus comunidades judías. Mateo presenta a Jesús
de Nazaret como el Mesías prometido por Israel y
su legítimo Rey.

APLICACIÓN PARA LA VIDA. Dios sigue ofreciendo
el reino de los cielos a la gente de hoy, pero el precio
de su entrada es aceptar a su Rey, Jesucristo, por la fe.
Después de creer que solo Jesús puede salvarte de tu
pecado, Dios te cambiará de dentro hacia afuera para
ser un ciudadano de su reino. Es un reino espiritual,

pero cuando Jesús regrese, establecerá su gobierno en la tierra.

¿Eres uno de los súbditos de Jesús? Si es así, haz que todo el mundo lo sepa. Al igual que Mateo, sé fiel en compartir las buenas nuevas de tu Rey con tu familia, amigos y compañeros de trabajo. Hazles saber que "¡El Rey viene!".

Dónde encontrarlo

Oración. Querido Señor Jesús, espero tu regreso como Rey de reyes y Señor de señores. Ayúdame a ser fiel en compartir tu mensaje de salvación con todos los que conozco.

Jesús no predicaba ideas religiosas abstractas,
sino una nueva manera de vivir.

Marcos

El Hijo del Hombre no vino para ser servido, sino para servir, y para dar su vida en rescate por muchos (10:45).

Tema: El Siervo sufriente
Fecha de escritura: 60 d.C.
Autor: Juan Marcos
Escenario: Roma

MARCOS trata acerca del Siervo sufriente. Juan Marcos no era un testigo de la vida de Jesús, era un compañero cercano del apóstol Pedro, quien le compartió los detalles de su discipulado con Jesús. Escribiendo desde Roma, Marcos pensó en los creyentes del lugar y presentó a Jesús como siervo de su prójimo. El libro se centra más en las obras de Jesús que en sus enseñanzas. Demuestra la humanidad de Cristo y describe sus emociones humanas, sus limitaciones como ser humano y, en última instancia, su muerte física. Al mismo tiempo, Marcos claramente revela el poder y la autoridad de este Siervo singular, mostrándole como nada menos que el Hijo de Dios, lo que se demuestra en su resurrección.

APLICACIÓN PARA LA VIDA. Como la mayoría de las personas, los líderes religiosos de los tiempos de Jesús querían ser servidos y gobernar sobre otros. Sin embargo, Jesús enseñaba —y demostraba con su vida— justamente la actitud opuesta. La verdadera grandeza se muestra mediante el servicio y el sacrificio. En Marcos, vemos a Jesús como un siervo activo, compasivo y obediente que suple las necesidades físicas y espirituales de los demás.

Recuerda siempre que la verdadera grandeza se demuestra por el servicio y el sacrificio. No ambiciones el poder y la posición, sino busca ser un siervo. ¿Y a quién mejor para mirar e imitar que el modelo máximo de un verdadero siervo, Jesucristo?

Dónde encontrarlo

Oración. Señor, ayúdame a recordar siempre que la verdadera grandeza no consiste en ser servido, sino en servir a los demás. Señor, llévame diariamente ante aquellos a quienes pueda servir en tu nombre.

*Jesús vino a servir, y Él quiere
que tú sigas su ejemplo.*

Lucas

El Hijo del Hombre vino a buscar y a salvar lo que se había perdido (19:10).

Tema: El hombre perfecto
Fecha de escritura: 60–62 d.C.
Autor: Lucas, el médico amado
Escenario: Roma

LUCAS nos habla sobre el hombre perfecto. Como médico y único autor gentil (no judío) del Nuevo Testamento, escribió para ofrecer un relato histórico preciso de la vida de Jesús. Lucas escribió para fortalecer la fe de los creyentes gentiles. Describió a Jesús como el hombre perfecto, el Hijo del Hombre, que vino a buscar y salvar a los pecadores. Lucas también mostró un gran interés en las personas y en la forma en que sus vidas se entrelazaban con el ministerio de Jesús. Lucas describió las interacciones de Jesús con los demás, en las que Él ignoraba las normas sociales y el fanatismo religioso. De esta manera Jesús reveló la universalidad del mensaje cristiano.

APLICACIÓN PARA LA VIDA. El amor y la compasión de Jesús deben servir como un poderoso ejemplo mientras interactúas con otras personas. Por ejemplo, necesitas ser como el Buen Samaritano descrito por Jesús en Lucas 10; el samaritano se detuvo para ayudar a una persona que estaba sufriendo. No, tú no eres Jesús; pero cuando realizas actos de amor y muestras compasión, otros pueden ver el Espíritu de Jesús que vive en ti.

Dónde encontrarlo

Oración. Señor Jesús, al leer tu Palabra puedo ver que esperas ciertas actitudes en mi vida, tales como el perdón, la fidelidad y el agradecimiento. Dame fuerza todos los días para vivir estas actitudes y honrar tu presencia en mi vida.

*Jesús mostró compasión por los heridos y los
perdidos, y tú debes hacer lo mismo.*

Juan

Pero éstas se han escrito para que creáis que Jesús es el Cristo, el Hijo de Dios, y para que creyendo, tengáis vida en su nombre (20:31).

Tema: El Hijo de Dios
Fecha de escritura: 80–90 d.C.
Autor: Juan, el discípulo a quien Jesús amaba
Escenario: Palestina

JUAN trata acerca del Hijo de Dios. Siendo Juan el último de los apóstoles en escribir, proporcionó un suplemento a lo que ya estaba escrito acerca de Jesús en los tres primeros Evangelios. Génesis comienza con "En el principio", Dios hizo al hombre a su propia imagen, y Juan también comienza con "En el principio", pero relata cómo Dios se hizo a imagen del hombre, declarando que el "Verbo fue hecho carne" (1:14). Juan presentó las pruebas más poderosas y directas de la deidad y la humanidad del Hijo encarnado de Dios. En Jesús, la perfecta humanidad y la plena deidad se funden, haciendo de Él el único sacrificio posible por los pecados de la humanidad.

APLICACIÓN PARA LA VIDA. Solamente un loco ignora las señales de tráfico de la autopista. Del mismo modo, solo un loco espiritual ignora las señales de la Biblia que conducen a la salvación. ¿Has reconocido y respondido a las señales que Dios ha puesto delante de ti? Juan organizó todo su Evangelio alrededor de ocho milagros, ocho "señales" o pruebas de la deidad de Jesús. Lee el Evangelio de Juan; pídele a Dios que te permita ver las señales y luego decide aceptar su mensaje. Busca las señales que te hablan de Jesucristo, señales que apuntan a la verdad de que Él es el Hijo de Dios y el Salvador del mundo.

Dónde encontrarlo

Los siete "Yo soy" de Jesús

Yo soy el pan de vida . . . . Juan 6:35, 48

Yo soy la luz del mundo . . . . Juan 8:12; 9:5

Yo soy la puerta . . . . Juan 10:7, 9

Yo soy el buen pastor . . . . Juan 10:11, 14

Yo soy la resurrección y la vida . . . . Juan 11:25

Yo soy el camino, la verdad y la vida . . . . Juan 14:6

Yo soy la vid verdadera . . . . Juan 15:1, 5

Oración. Señor Jesús, gracias por mostrarme en tu Palabra que eres Dios hecho carne, y que tú eres el único camino, la verdad máxima y la fuente de la vida eterna (Juan 14:6).

¿Buscas inmortalidad?
Solo la encontrarás en Jesús.

Hechos

*Pero recibiréis poder, cuando haya venido sobre
vosotros el Espíritu Santo, y me seréis testigos
en Jerusalén, en toda Judea, en Samaria,
y hasta lo último de la tierra (1:8).*

Tema: La expansión del evangelio
Fecha de escritura: 60–62 d.C.
Autor: Lucas, un médico griego
Escenario: De Jerusalén a Roma

HECHOS nos cuenta sobre la difusión del evangelio. Este libro es el vínculo histórico entre los Evangelios y las cartas de instrucción (las epístolas) que componen el resto del Nuevo Testamento. En el libro de Hechos se encuentran relatados los 30 años de historia de la iglesia desde su comienzo en Jerusalén, capítulos 1-2 hasta el 28, donde la iglesia y su mensaje del evangelio se han extendido por todo el Imperio romano. Hechos también se denomina "los Hechos del Espíritu Santo" que obra en y a través de los apóstoles.

APLICACIÓN PARA LA VIDA. Lucas, el autor de Hechos, no era un espectador independiente que simplemente relataba acontecimientos históricos. No, él estuvo personalmente involucrado en la difusión del evangelio, incluyéndose a sí mismo en la acción usando el pronombre "nosotros". ¿Te consideras parte del "nosotros" cuando se trata de compartir el evangelio? ¿Eres parte activa de los acontecimientos, o un mero espectador? No te quedes de lado. No te contentes con ver a otros compartir su fe en el Cristo resucitado. Haz tú lo mismo en el poder del Espíritu Santo. Comparte lo que has visto, oído y aprendido. Entonces retrocede y observa cómo el Espíritu de Dios obra por medio de tu testimonio.

Dónde encontrarlo

Oración. Espíritu Santo, dame poder y capacitación para llevar el testimonio de Jesús a la gente que me rodea.

"Me seréis testigos".
La iglesia primitiva tomó muy
en serio estas palabras de Jesús.
¿Qué hay de ti?

Romanos

*Porque en el evangelio la justicia de Dios
se revela por fe y para fe, como está escrito:
Mas el justo por la fe vivirá (1:17).*

Tema: La justicia de Dios
Fecha de escritura: 56–57 d.C.
Autor: Pablo
Escenario: Corinto (sur de Grecia)

ROMANOS nos habla acerca de la justicia de Dios.
El apóstol Pablo escribió esta carta a una iglesia en
Roma a la que nunca había visitado. La escribió para
presentarse y para que la gente pudiera orar por él,
animarlo y ayudarlo con sus planes futuros de ministerio. Pablo también les enseñó a sus nuevos amigos
en Roma acerca de la justicia que viene de Dios, la
gran verdad del evangelio de la gracia. Esta carta es
el tratado más enérgico, lógico y articulado sobre la
salvación jamás escrito, y ha influido en la historia
del cristianismo más que cualquier otra epístola.

APLICACIÓN PARA LA VIDA. Todos los hombres y
todas las mujeres son pecadores, y esto nos incluye a
ti y a mí. Tu pecado te separa de un Dios santo. Pero,
en su misericordia, Dios te extiende la salvación a ti
y a todos los que ponen su fe y confianza en Jesús.
¿Has aceptado la oferta de salvación de Dios? La
justicia de Dios es un don recibido solo por la fe, no
ganado por tus obras. De hecho, todo lo que recibes
como cristiano, ya sea espiritual o físico, es una obra

de la gracia de Dios. Si has recibido la gracia de Dios, posees la justicia de Dios en Cristo. Este cambio interno debe producir el cambio externo correspondiente. Por lo tanto, ahora Dios te da poder y espera que vivas una vida justa y que lo honres.

Dónde encontrarlo

Oración. Gracias, querido Padre, por mi salvación, por tu don de gracia. Ayúdame a mostrar mi devoción por este don sirviéndote fielmente a ti y a mis hermanos creyentes.

*La fidelidad en las pequeñas cosas te prepara
para mayores tareas en la obra de Dios.*

1 Corintios

Si, pues, coméis o bebéis, o hacéis otra cosa,
hacedlo todo para la gloria de Dios (10:31).

Tema: La conducta cristiana
Fecha de escritura: 55 d.C.
Autor: Pablo
Escenario: Éfeso (moderna Turquía)

1 CORINTIOS trata sobre la conducta cristiana. Usando su poder y autoridad dados por Dios como apóstol (persona enviada por Dios como su portavoz), Pablo escribió esta primera de dos cartas a los creyentes en Corinto. Esta carta está llena de muchas exhortaciones para que los creyentes corintios actuaran como cristianos. Su problema más serio era la mundanalidad. No estaban dispuestos a separarse de la cultura que los rodeaba. En esta carta, Pablo denunció su deplorable conducta y respondió a algunas preguntas importantes, hechas por representantes de la iglesia de Corinto.

APLICACIÓN PARA LA VIDA. Ya sea que te des cuenta o no, tu comportamiento está siendo influenciado por la cultura que te rodea. Como cristiano, tu desafío es evitar que el mundo llene tu mente de pensamientos equivocados, lo que a su vez dará lugar a acciones incorrectas. ¿Cuál es la respuesta a este problema? Así como Pablo intentó corregir a los corintios a través de enseñanzas apropiadas, puedes estar seguro de que tu comportamiento es el correcto al desarrollar una comprensión adecuada de la Palabra de Dios. Con la ayuda de Dios, puedes mantener tu comportamiento en armonía con sus normas. Por eso es que debes comprometerte a leer y estudiar la Palabra de Dios y obedecer lo que nos enseña.

Dónde encontrarlo

Oración. Señor, ayúdame a no estar apegado a este mundo y a recordar que la tierra no es mi hogar. ¡Solo estoy de paso en mi camino al cielo!

Aunque estás en el mundo, no
debes estar atado al mundo.

2 Corintios

Porque no nos predicamos a nosotros mismos,
sino a Jesucristo como Señor, y a nosotros como
vuestros siervos por amor de Jesús (4:5).

Tema: Pablo defiende su apostolado
Fecha de escritura: 56 d.C.
Autor: Pablo
Escenario: Filipos (en el camino a Corinto)

2 CORINTIOS nos habla acerca de la defensa de Pablo de su apostolado. Mientras Pablo viajaba hacia Corinto desde Éfeso, donde había escrito 1 Corintios, Tito, uno de los discípulos de Pablo, lo encontró e informó que los corintios se habían arrepentido de haberse resistido a Pablo y sus enseñanzas. Con gran alegría, Pablo escribió una carta de seguimiento, 2 Corintios y la envió por medio de Tito. En esta segunda carta, Pablo defendió su vida y su ministerio, y expresó su preocupación constante por las nuevas amenazas y las actitudes rebeldes.

APLICACIÓN PARA LA VIDA. Mientras buscas vivir para Cristo, así como Pablo, probablemente serás calumniado, mal entendido, socavado y falsamente acusado. Cuando esto suceda, haz lo que hizo Pablo: mira a Jesús. Recuerda quién eres en Él y lo que Él ha hecho en ti y por medio de ti. En lugar de temer las pruebas que surgen en tu camino, confía plenamente en la fidelidad de Dios. La fuerza que Él te da es suficiente para enfrentar cualquier juicio en el presente, o en el futuro. Después de todo, Él es el "Dios de toda consolación" (2 Corintios 1:3) y promete consolarte en toda tribulación.

Dónde encontrarlo

Oración. Señor, me doy cuenta de que no soy inmune a las pruebas y que el vivir como un cristiano significa sufrimiento. En tiempos de angustia, ayúdame a mirarte solo a ti, al que hizo el cielo y la tierra (Salmos 121:1-2).

Dios usa las pruebas para enseñarnos a depender de su fuerza ilimitada en lugar de confiar en nuestra propia fuerza que es limitada.

Gálatas

*Estad, pues, firmes en la libertad con que
Cristo nos hizo libres, y no estéis otra vez
sujetos al yugo de esclavitud (5:1).*

Tema: Libertad en Cristo
Fecha de escritura: 49 d.C.
Autor: Pablo
Escenario: Antioquía

GÁLATAS trata sobre la justificación por la fe aparte de las obras de la ley. Pablo, mientras ministraba en su iglesia natal en Antioquía, se sorprendió al recibir algunas angustiosas noticias. Temía que las iglesias del sur de Galacia, las que había establecido en su primer viaje misionero, abandonaran el evangelio puro de la fe en Cristo, lo único necesario para la salvación. Envió esta carta urgente para defender este punto clave de la doctrina de la salvación. Su carta tenía tres propósitos:

1. Defender su autoridad apostólica, la cual confirmaba su mensaje del evangelio.
2. Utilizar la ley mosaica para enseñar los principios de justificación solo por la fe. No hay nada que puedas hacer para ganar el favor de Dios. La salvación es solo por la gracia de Dios.
3. Mostrar que la libertad de la ley no es excusa para el comportamiento pecaminoso.

APLICACIÓN PARA LA VIDA. Como cristiano, ya no estás bajo las reglas y juicios de la ley del Antiguo Testamento. Cristo te ha liberado de las obras religiosas. Sin embargo, con la libertad viene la responsabilidad, y eres responsable de servir a tu Salvador y hacer su voluntad. No eres libre para desobedecer las normas de Cristo. Por lo tanto, como escribió Pablo, "no uséis la libertad como ocasión para la carne, sino servíos por amor los unos a los otros" (Gálatas 5:13).

Dónde encontrarlo

Oración. Querido Padre, te doy gracias porque mi salvación no se basa en mi propio mérito, sino en los méritos del único sin pecado, el Señor Jesucristo, que hace posible todo lo que soy y puedo ser como cristiano.

No hay nada que puedas hacer para conseguir el favor de Dios. La salvación es únicamente por la gracia de Dios.

Efesios

Bendito sea el Dios y Padre de nuestro Señor
Jesucristo, que nos bendijo con toda bendición
espiritual en los lugares celestiales en Cristo (1:3).

Tema: Bendición en Cristo
Fecha de escritura: 60-62 d.C.
Autor: Pablo
Escenario: Una prisión en Roma

EFESIOS nos habla acerca de las bendiciones en Cristo. Pablo escribió esta epístola a la iglesia de Éfeso para que sus miembros fueran más conscientes de sus recursos espirituales. En los tres primeros capítulos, Pablo explicó que sus recursos provienen de su relación con Cristo y de su posición en Él. En los últimos tres capítulos, animó a sus lectores a aprovechar estos recursos para tener una vida cristiana victoriosa. Dicho de otra manera, la primera mitad de la carta a los Efesios describe la riqueza de un creyente en Cristo y la otra mitad desafía al creyente a vivir su fe.

APLICACIÓN PARA LA VIDA. Todo aquel que ha confiado en Cristo posee una fuente interminable de bendiciones espirituales. Desafortunadamente, la mayoría de los creyentes actúan como si fueran mendigos espirituales, y viven en constante derrota. ¿Comprendes tú cuáles son tus recursos en Cristo y te apropias de ellos? Efesios te ayudará a descubrirlos y te animará a caminar como es digno "de la vocación con que fuisteis llamados" (4:1).

Dónde encontrarlo

Oración. Señor, para asegurarme de experimentar la victoria espiritual, ayúdame a recordar usar los recursos espirituales que me has dado, incluyendo la armadura espiritual descrita en Efesios 6:10-17.

Dios te ha dado todas
las herramientas que necesitas
para luchar contra el enemigo.

Filipenses

*Regocijaos en el Señor siempre. Otra
vez digo: ¡Regocijaos! (4:4).*

Tema: La vida llena de gozo
Fecha de escritura: 62 d.C.
Autor: Pablo
Escenario: La prisión

FILIPENSES se centra en vivir llenos de gozo.
Cuando Pablo escribió: "Regocijaos en el Señor
siempre" (4:4), no estaba sentado en la comodidad
de su hogar, ni en un ambiente agradable. Estaba
cautivo en una prisión romana. Sin embargo, Pablo
podía regocijarse incluso mientras estaba en prisión
debido a su pasión por conocer a Jesucristo cada vez
más. Este es el secreto de una vida cristiana gozosa.
El verdadero gozo no se basa en las circunstancias,
sino en la confianza que proviene de una relación
con Jesucristo.

APLICACIÓN PARA LA VIDA. Todo el mundo quiere
ser feliz. Por eso, muchos buscan durante toda la
vida esta felicidad gastando dinero, viajando a nuevos lugares y experimentando actividades nuevas y
emocionantes. Pero este tipo de felicidad depende
de circunstancias externas positivas. ¿Qué sucede
cuando las circunstancias no son tan positivas? A
menudo la felicidad desaparece y llega la desesperación. En contraste con la felicidad está el verdadero
gozo de conocer personalmente a Cristo y de depen-

der de su fuerza y provisión en lugar de la tuya. Tus circunstancias pueden cambiar, pero tu gozo se basa en saber que Jesús está obrando en tu vida.

Dónde encontrarlo

Oración. Señor Jesús, ayúdame a no escapar de las dificultades que presenta la vida, pues al demostrar tu gozo en medio de estas pruebas, estoy mostrando al mundo tu asombrosa gracia.

*Dios nunca prometió a sus hijos
una vida libre de dolor, pero sí promete
una eternidad sin dolor.*

Colosenses

*Porque en él habita corporalmente toda
la plenitud de la Deidad, y vosotros
estáis completos en él... (2:9-10).*

Tema: La supremacía de Cristo
Fecha de escritura: 60-61 d.C.
Autor: Pablo
Escenario: La prisión

COLOSENSES trata acerca de la supremacía de Cristo. El apóstol Pablo nunca había estado en la iglesia de Colosas. Sin embargo, un hombre llamado Epafras vino a Roma para visitarlo e informarle acerca de sus preocupaciones acerca de una filosofía herética que se estaba enseñando en Colosas. Pablo inmediatamente escribió esta carta para advertir a sus lectores contra esta herejía que estaba devaluando la suficiencia de Cristo. Pablo escribió para dar a los creyentes una comprensión adecuada de los atributos de Cristo y sus logros.

APLICACIÓN PARA LA VIDA. Desde el tiempo de la escritura de Colosenses hasta el día de hoy, el mundo ha estado tratando de devaluar la importancia de Cristo. Si Él es menos que supremo, la sumisión a Él es opcional. Sin embargo, el libro de Colosenses dice que Cristo es supremo y, por lo tanto, la sumisión a sus mandamientos no es opcional. Cristo es supremo, y tu compromiso con Él debe ser supremo. ¿Es Cristo quien gobierna tu vida? Si no, ahora mismo puedes someterte a su autoridad. En respuesta, Él te proporcionará el poder para transformar cada área de tu vida, incluyendo tu hogar y tu trabajo. Cristo es suficiente para todas tus necesidades.

Dónde encontrarlo

No mentirse unos a otros . . . . Colosenses 3:9

Soportarse unos a otros . . . . Colosenses 3:13

Perdonarse unos a otros. . . . . Colosenses 3:13

Exhortarse unos a otros. . . . . Colosenses 3:16

Oración. Querido Padre celestial, te doy gracias porque soy totalmente suficiente en Cristo y no necesito conocimientos especiales ni experiencias religiosas únicas. Cristo es suficiente para todas mis insuficiencias.

*La vida cristiana significa
apartarse del modo de vivir del mundo
y adoptar el carácter de Cristo.*

1 Tesalonicenses

Porque si creemos que Jesús murió y resucitó, así también traerá Dios con Jesús a los que durmieron en él (4:14).

Tema: Preocupación por la iglesia
Fecha de escritura: 51 d.C.
Autor: Pablo
Escenario: Corinto

1 TESALONICENSES destaca la preocupación de Pablo por la iglesia. Durante su breve estancia en Tesalónica, había enseñado a los cristianos que la segunda venida de Cristo sería la culminación de la historia redentora. Por lo tanto, la iglesia estaba viviendo en la expectativa del pronto regreso de Cristo. Pablo recibió más tarde la noticia de que algunos de los creyentes en Tesalónica que habían perdido seres queridos y amigos se preguntaban si "¿estas personas se perderían el regreso de Cristo?". Pablo les escribe para informarles que los creyentes fallecidos no se habían perdido el regreso de Cristo y les aseguró incluso, que los creyentes muertos participarían de la segunda venida de Cristo.

APLICACIÓN PARA LA VIDA. Nadie sabe el momento en que regresará Cristo. Sin embargo, algún día todos los creyentes, tanto vivos como muertos, estarán unidos con Él. Anticipar diariamente su regreso debería reconfortarte mientras lidias con tus dificultades diarias. Saber que Cristo volverá también debería motivarte a compartir el evangelio con los demás. Tu testimonio, o relato de cómo Cristo cambió tu vida, es una poderosa herramienta para compartir el evangelio. Más allá de eso, vive una vida santa y productiva. Vive cada día con la expectativa del regreso de Cristo en cualquier momento. ¡Que no te encuentre desprevenido!

Dónde encontrarlo

Oración. Señor, ¿es hoy el día de tu regreso? Ayúdame a vivir este día como si la eternidad contigo comenzara hoy mismo.

El regreso prometido de Cristo
debe motivarnos a tener
una vida santa cada día.

2 Tesalonicenses

*Pero fiel es el Señor, que os afirmará
y guardará del mal (3:3).*

Tema: Vivir con esperanza
Fecha de escritura: 52 d.C.
Autor: Pablo
Escenario: Corinto

2 TESALONICENSES hace un llamado a todos los cristianos a vivir con esperanza. Al igual que hizo en 1 Tesalonicenses, Pablo elogió a las personas en la iglesia por su fe en Cristo. Desafortunadamente, algunos de ellos habían malinterpretado su enseñanza acerca del regreso de Cristo y habían dejado de trabajar porque pensaban que Cristo vendría muy pronto. Otros consideraban su continua persecución como una señal de que los últimos días estaban a la puerta. Pablo respondió al pensamiento incorrecto de estos dos grupos. Les dijo que deberían empezar a trabajar y a aquellos que creían que "el día del Señor" ya había llegado, les advirtió que la apostasía y rebelión ocurrirían antes de ese día. Pablo entonces los consoló en su sufrimiento y persecución recordándoles que cuando Cristo regrese, Él recompensará a los fieles y castigará a los impíos.

APLICACIÓN PARA LA VIDA. Esta carta de Pablo te ayudará a no desanimarte ni estar temeroso cuando te persigan o veas que el mal está en aumento. Dios siempre tiene el control, sin importar lo desesperadas que parezcan o se vuelvan las circunstancias de la vida. Él tiene un plan para tu futuro, y esta esperanza te dará la fuerza y la seguridad que necesitas para seguir avanzando, en lugar de no hacer nada mientras esperas el regreso de Cristo. Pablo te anima a permanecer firme, mantenerte ocupado, hacer el bien y esperar el regreso de Cristo.

Dónde encontrarlo

Oración. Querido Padre celestial, me apropio de toda la confianza y esperanza en el hecho de que no importa lo que esté por delante, tú tienes el control del futuro. Dame la fuerza para afrontar cada día con esta seguridad.

La desesperación no ve ninguna esperanza,
mientras que la esperanza no ve la desesperación.

1 Timoteo

Para que si tardo, sepas cómo debes conducirte en la casa de Dios, que es la iglesia del Dios viviente… (3:15).

Tema: Instrucciones para un discípulo joven
Fecha de escritura: 64 d.C.
Autor: Pablo
Escenario: Macedonia/Filipos

1 TIMOTEO da instrucciones a un discípulo joven. En el momento en que Pablo escribió esta carta, Timoteo había sido un discípulo suyo cercano durante unos 15 años. Timoteo estaba sirviendo como pastor de la iglesia en Éfeso, y Pablo esperaba regresar en persona, pero, mientras tanto, escribió esta carta para darle a Timoteo algunos consejos prácticos sobre su conducta y la importancia de elegir líderes calificados, y una advertencia sobre el problema de la falsa doctrina y los falsos maestros.

APLICACIÓN PARA LA VIDA. ¿Conoces las verdades en la Palabra de Dios lo suficientemente bien como para reconocer a un falso maestro o una falsa enseñanza? ¿Estás preparado para defender la fe cristiana con tu actual nivel de conocimiento bíblico? Si es así, sigue el ejemplo de Pablo y busca a cristianos más jóvenes en la fe, como Timoteo, y comienza a aconsejarlos. Y, si no eres tan maduro en la fe como quisieras ser, sigue el ejemplo de Timoteo y gana sabiduría aprendiendo de un cristiano más maduro.

Dónde encontrarlo

Oración. Señor Jesús, gracias por este modelo de discipulado entre Pablo y Timoteo. Hay muchas cosas que tengo que aprender acerca de cómo vivir la verdadera vida cristiana. Guíame para ser un creyente maduro y que pueda imitar la vida piadosa de otros creyentes maduros.

Estudia tu Biblia en busca de la verdad
para que puedas detectar el error.

2 Timoteo

*Procura con diligencia presentarte
a Dios aprobado, como obrero que no
tiene de qué avergonzarse, que usa bien
la palabra de verdad (2:15).*

Tema: Exhortación a un ministerio fiel
Fecha de escritura: 67 d.C.
Autor: Pablo
Escenario: Roma

2 TIMOTEO enseña sobre la cuestión del costo de un ministerio fiel. Si te dijeran que vas a morir en un futuro próximo, ¿qué información querrías transmitir y a quién te gustaría enviársela? Esta fue la situación de Pablo en 2 Timoteo. Estaba en el corredor de la muerte esperando su ejecución por predicar el evangelio de Cristo. La carta de 2 Timoteo es la última voluntad y el testamento de Pablo. De todas las personas que Pablo había conocido a lo largo de los años, escogió escribir una última carta a su hijo espiritual en la fe, Timoteo, para consolarlo, alentarlo y motivarlo a continuar en el ministerio de una manera fiel.

APLICACIÓN PARA LA VIDA. ¿Qué impresión te causa ese completo desinterés de Pablo por sí mismo frente a la muerte? ¿Estás tan ocupado pensando en ti mismo y en tus propias necesidades que no te das cuenta de que hay personas realmente necesitadas a tu alrededor?

Mira más allá de ti mismo. Estoy seguro de que encontrarás un montón de personas desesperadas a las que podrías dar una mano de ayuda o una palabra de aliento y, sobre todo, el mensaje de la Palabra de Dios que ellos necesitan, y todo esto por medio de… ti.

Dónde encontrarlo

Oración. Señor, al mirarme en el espejo de mi alma, ¿veo a una persona que está preocupada por sí misma, o alguien que está mirando a las necesidades de los demás? ¡Ayúdame a hacer los cambios necesarios para mirar más allá de mí mismo, empezando por mi familia!

La Escritura es tu mejor herramienta
para alentar a otros. Da "palabras
al cansado" (Isaías 50:4).

Tito

*Pero tú habla lo que está de acuerdo
con la sana doctrina (2:1).*

Tema: Manual de conducta
Fecha de escritura: 62–64 d.C.
Autor: Pablo
Escenario: Macedonia

TITO es un manual de conducta. En la carta a Tito, Pablo da aliento y consejo personal al joven pastor Tito, que se enfrentaba a la oposición de hombres impíos dentro de las iglesias recién formadas en la isla de Creta. Pablo afirmó que la enseñanza sana en todos los niveles ayudaría a mantener a los creyentes unificados contra la oposición, tanto dentro de la iglesia como ante el mundo. Pablo escribió a Tito acerca de capacitar a la gente para que puedan vivir como testigos eficaces de Jesucristo. Luego le ofrece instrucciones sobre cómo los creyentes jóvenes en la fe debían conducirse ante una sociedad pagana, ansiosa por criticar esta nueva religión, el cristianismo.

APLICACIÓN PARA LA VIDA. Ya sea el año 62 d.C. o el día de hoy, el testimonio colectivo de una iglesia debe ser un mensaje unificado. No puede haber disensiones y conflictos.

¿Has pensado recientemente en tu conducta dentro y fuera de la iglesia? Pídele a Dios que te dé discernimiento sobre tu comportamiento en la iglesia y en público. Recuerda que tu buena conducta ayuda a fomentar la unidad en tu iglesia, y tus buenas obras fuera de la iglesia son un faro de luz que guía a otros al Salvador.

Dónde encontrarlo

Dios elige a los creyentes. . . . . Tito 1:1-2

Deidad de Cristo. . . . . Tito 2:13

Cristo murió por los pecadores . . . . Tito 2:14

Es un deber cristiano obedecer
    al gobierno. . . . . Tito 3:1

Ministerio del Espíritu Santo . . . . Tito 3:5

Oración. Señor, para que mi iglesia te glorifique ante un mundo que nos observa, necesito asegurarme de que mi conducta fomente la unidad y no la desunión.

*Tu conducta muestra tu verdadera
condición espiritual.*

Filemón

Así que, si me tienes por compañero,
recíbele como a mí mismo (v. 17).

Tema: Perdón
Fecha de escritura: 60–62 d.C.
Autor: Pablo
Escenario: La prisión

FILEMÓN es la carta más corta de las cuatro epístolas escritas desde la prisión. En esta carta, Pablo apela a su amigo Filemón no para que castigue a su esclavo fugitivo, Onésimo, sino para que lo perdone y restaure como un nuevo hermano en Cristo.

APLICACIÓN PARA LA VIDA. El perdón es un aspecto fundamental del cristianismo. Conforme al perdón que has recibido de Cristo, puedes y debes estar dispuesto a perdonar a otros.

Dónde encontrarlo

Elogio de Pablo a Filemón . . . . Filemón 4-7
Petición de Pablo a Filemón . . . . Filemón 8-14
Visión de Pablo sobre Onésimo . . . . . Filemón 15-17
Confianza de Pablo en Filemón . . . . . Filemón 18-21

Oración. Señor, ¿hay alguien que hasta hoy día no he querido perdonar? ¡Examina mi corazón para que pueda perdonarlo, así como tú me has perdonado!

Un cristiano perdonado es un cristiano que perdona.

Hebreos

Por tanto, teniendo un gran sumo sacerdote
que traspasó los cielos, Jesús el Hijo de Dios,
retengamos nuestra profesión (4:14).

Tema: La superioridad de Cristo
Fecha de escritura: 67–69 d.C.
Autor: Desconocido
Escenario: Una comunidad de cristianos judíos

HEBREOS se centra en la superioridad de Cristo. El autor escribe a los judíos que habían aceptado a Jesús como el Mesías, pero que estaban volviendo a sus antiguas creencias y prácticas religiosas, especialmente al agravar la persecución contra los cristianos. El libro de Hebreos presenta el mensaje general de que el cristianismo es superior a cualquier otro sistema religioso, incluyendo la religión judía del Antiguo Testamento con sus rituales y sacrificios. Ningún sistema religioso es necesario porque Cristo es superior, y Él es completamente suficiente en sí mismo para la salvación.

APLICACIÓN PARA LA VIDA. La fe es la confianza segura en Dios y en la salvación que Él provee por medio de su Hijo Jesús, que es el único que puede salvarte del pecado. Si pones toda tu confianza en Jesucristo para tu salvación, Él te transformará por completo. Esta transformación y crecimiento posterior te permitirá enfrentar las dificultades, permanecer fiel a Dios cuando te persiguen y construir tu carácter. Tu Salvador es superior, la fe que pones en tu Salvador es superior y la victoria final a través de tu Salvador es segura.

Dónde encontrarlo

Oración. Querido Padre, te doy gracias porque mi fe se fundamenta en una segura confianza en ti y en la salvación que provees en tu Hijo, el Señor Jesucristo.

La madurez espiritual no es el resultado de la salvación, sino la respuesta a la salvación.

Santiago

Así también la fe, si no tiene obras,
es muerta en sí misma (2:17).

Tema: Fe genuina
Fecha de escritura: 44–49 d.C.
Autor: Santiago
Escenario: Jerusalén

SANTIAGO trata acerca de la fe genuina. El libro de Santiago fue escrito por Santiago, el medio hermano de Jesús y líder de la iglesia de Jerusalén. Santiago fue la primera carta en escribirse entre las epístolas del Nuevo Testamento. En un estilo similar al que se encuentra en el libro de Proverbios en el Antiguo Testamento, Santiago presenta una serie de pruebas, mediante las cuales se puede medir la fe en Cristo de una persona. Si no ha habido verdadero cambio, los lectores deben examinar su fe para asegurarse de que no evidencian indicios de una fe muerta, ¡que, en realidad, no es fe!

APLICACIÓN PARA LA VIDA. El libro de Santiago es un recordatorio de que la fe genuina transforma vidas. Debes poner tu fe en Cristo en acción. Es fácil decir que tienes fe, pero la verdadera fe producirá obras de amor hacia los demás. La fe no debe ser un mero conocimiento intelectual, sino que debe vivirse de corazón. La prueba de que tu fe es genuina es un cambio que da como resultado un modo práctico de vivir la vida cristiana. Santiago 1:19 dice que el creyente debe ser "pronto para oír, tardo para hablar, tardo para airarse". ¡No hay nada más práctico que esto! La fe genuina producirá cambios auténticos en tu vida.

Dónde encontrarlo

Oración. Señor, ayúdame a ser un hacedor de tu Palabra y no solamente un oidor. ¡Quiero vivir conforme a tu Palabra hoy mismo!

Dios no hace acepción de personas,
y tú tampoco debes hacerlo.

1 Pedro

Pues para esto fuisteis llamados; porque también
Cristo padeció por nosotros, dejándonos ejemplo,
para que sigáis sus pisadas… (2:21).

Tema: Respuesta al sufrimiento
Fecha de escritura: 64–65 d.C.
Autor: Pedro
Escenario: Roma

1 PEDRO trata sobre cómo responder al sufrimiento.
Pedro escribió esta carta a los cristianos que estaban
sufriendo persecución por su fe en Cristo. Su propósito era consolarlos al recordarles su salvación y
su esperanza de vida eterna. También recordó a sus
lectores que Dios estaba usando todo lo que suce-
día en su vida, incluyendo sus luchas, para producir
fuerza de carácter, lo cual siempre trae gloria a Dios.
Pedro les insta a darse cuenta de que los que sufren
por su fe se identifican con Cristo en su sufrimiento.

APLICACIÓN PARA LA VIDA. Puede que estés entre
los muchos cristianos alrededor del mundo que
sufren a causa de sus creencias. Sin embargo, todos
los cristianos deben esperar persecución, porque
Jesús dijo: "En el mundo tendréis aflicción" (Juan
16:33). Si los demás ven tu fe, es posible que algunos te pongan en ridículo y te rechacen. Pero Pedro
dijo que no debes asustarte por ello; necesitas ver
cada confrontación como una oportunidad para
refinar y fortalecer tu fe. A medida que enfrentas la

persecución y el sufrimiento, recuerda las palabras de Pedro: "Pues para esto fuisteis llamados; porque también Cristo padeció por nosotros, dejándonos ejemplo, para que sigáis sus pisadas..." (1 Pedro 2:21)

Dónde encontrarlo

Oración. Señor, tu Palabra dice que los que quieren vivir piadosamente en Cristo Jesús padecerán persecución. Ayúdame a vivir en santidad para que pueda enfrentar la persecución victoriosamente como lo hizo Cristo. Ayúdame a confiar plenamente en ti.

La persecución no debería sorprenderte. Los fieles seguidores de Jesús pueden esperar ser perseguidos.

2 Pedro

*Tenemos también la palabra profética más
segura, a la cual hacéis bien en estar atentos
como a una antorcha que alumbra en lugar
oscuro, hasta que el día esclarezca y el lucero de
la mañana salga en vuestros corazones (1:19).*

Tema: Advertencia en contra de los falsos
maestros
Fecha de escritura: 67–68 d.C.
Autor: Pedro
Escenario: Una cárcel romana

2 PEDRO contiene una advertencia contra los falsos
maestros. Unos tres años después de escribir su primera carta, el apóstol Pedro escribió una segunda,
desde su celda en la prisión. En esta carta, expresó
alarma por los falsos maestros que habían invadido
las iglesias de Asia Menor. Pedro dijo que estos ataques internos del enemigo venían como resultado del
estancamiento y la herejía. Para Pedro, la solución a
estos dos problemas consiste en crecer en la gracia y
el conocimiento de Cristo (3:18). El mejor antídoto
para el error es conocer mejor la verdad.

APLICACIÓN PARA LA VIDA. Las advertencias vienen de muchas maneras: luces, señales, sonidos,
olores y la palabra escrita. Nadie que valore su vida
física deja de responder a una o a todas estas formas
de advertencia. Al leer tu Biblia, ¿prestas atención a
las advertencias de Dios sobre el peligro espiritual?

Toma nota de 2 Pedro 3:18 y crece en la gracia y conocimiento de Jesús. Tu crecimiento combate la pereza espiritual y el engaño por parte del enemigo. El crecimiento espiritual te mantendrá fiel y te dará el discernimiento para defenderte contra las artimañas y los engaños de Satanás y sus falsos maestros.

Dónde encontrarlo

Oración. Querido Dios, quiero ser fiel en leer la Biblia para crecer espiritualmente y desarrollar el discernimiento necesario para ser capaz de responder a las advertencias que tú me das.

La mejor manera de detectar los errores
espirituales es conocer mejor la verdad bíblica.

1 Juan

*Lo que hemos visto y oído, eso os anunciamos,
para que también vosotros tengáis comunión con
nosotros; y nuestra comunión verdaderamente
es con el Padre, y con su Hijo Jesucristo (1:3).*

Tema: Comunión con Dios
Fecha de escritura: 90 d.C.
Autor: Juan
Escenario: Éfeso

1 JUAN habla sobre la comunión con Dios. Cuando esta epístola fue escrita, habían transcurrido más de 50 años desde que Jesús había caminado físicamente por la tierra. La mayoría de los testigos oculares del ministerio de Cristo habían muerto, pero Juan aún estaba vivo para testificar acerca de Él. En términos simples, Juan describió lo que significa tener comunión con Dios. Al mismo tiempo, advirtió a los lectores de que los falsos maestros habían entrado en las iglesias, negando que Jesús había venido realmente en la carne. Estos maestros rechazaban abiertamente la encarnación de Cristo, y Juan escribió desde su experiencia personal para corregir este error.

APLICACIÓN PARA LA VIDA. Una enseñanza básica de la fe cristiana es la verdad de que solo Jesús estaba capacitado para ofrecer el sacrificio perfecto por nuestros pecados: su cuerpo. Como Dios en carne humana, Él y solamente Él estaba calificado para satisfacer el castigo de Dios por el pecado. Juan describe una imagen clara de Jesús el Cristo, el Hijo de Dios, Dios en carne humana. ¿Crees en Jesús como el Hijo de Dios? Si es así, Juan dice: "Y este es el testimonio: que Dios nos ha dado vida eterna; y esta vida está en su Hijo. El que tiene al Hijo, tiene la vida" (1 Juan 5:11-12).

Dónde encontrarlo

Oración. Señor, una marca de mi comunión contigo es mi amor por tu Hijo y mi amor por los demás. Ayúdame a afirmar diariamente este amor siendo obediente a los mandamientos de la Escritura.

*El amor es una señal
de tu comunión con Dios.*

2 Juan

Si alguno viene a vosotros, y no trae esta doctrina, no lo recibáis en casa... (v. 10).

Tema: Discernimiento cristiano
Fecha de escritura: 90–95 d.C.
Autor: Juan
Escenario: Éfeso

2 JUAN fue escrita a una mujer específica que, sin saberlo, pudo haber ofrecido hospitalidad a falsos maestros. Juan temía que estos engañadores se aprovechaban de su amabilidad y le advirtió que no se mostrara hospitalaria con estos engañadores.

APLICACIÓN PARA LA VIDA. La preocupación de Juan también es relevante hoy día. Debes practicar la hospitalidad cristiana con discernimiento. Las Escrituras te aconsejan que evites a los que no obedecen las enseñanzas de Cristo.

Dónde encontrarlo

Oración. Señor, sé que los falsos maestros son engañadores. Por tanto, te pido que me des discernimiento para detectar si su vida y sus enseñanzas están en conformidad con las Escrituras.

Obedecer la verdad debe ser un
hábito constante en tu vida.

3 Juan

Amado, fielmente te conduces cuando
prestas algún servicio a los hermanos,
especialmente a los desconocidos… (v. 5).

Tema: Hospitalidad cristiana
Fecha de escritura: 90–95 d.C.
Autor: Juan
Escenario: Éfeso

3 JUAN contiene tres mensajes diferentes sobre tres hombres: Juan elogia a Gayo por su hospitalidad, condena a Diótrefes por no mostrar hospitalidad, y felicita a Demetrio porque hizo lo correcto y mostró hospitalidad.

APLICACIÓN PARA LA VIDA. Esta carta breve de Juan es un gran recordatorio del papel positivo de la hospitalidad en la iglesia… y del poder destructivo del orgullo en un líder de la iglesia.

Dónde encontrarlo

Oración. Señor, quiero tomar tiempo hoy para orar y animar a los obreros cristianos para que no se cansen en su servicio.

Sé consciente de que los maestros cristianos, líderes y misioneros necesitan tu apoyo.

Judas

*Amados, por la gran solicitud que tenía de
escribiros acerca de nuestra común salvación,
me ha sido necesario escribiros exhortándoos
que contendáis ardientemente por la fe que
ha sido una vez dada a los santos (v .3).*

Tema: Defensa de la fe
Fecha de escritura: 68–69 d.C.
Autor: Judas
Escenario: Jerusalén

JUDAS nos enseña acerca de pelear por la fe. Como medio hermano de Jesús y testigo de su vida, ministerio y resurrección, Judas sentía una pasión ardiente por la salvación que viene de Cristo. Sin embargo, mientras escribía, planteaba un asunto que le preocupaba mucho. Vio la amenaza de maestros herejes en la iglesia y quería alertar a los cristianos sobre cómo responder ante ellos. Judas trató de motivar a sus lectores a despertar de su comodidad y actuar contra los falsos maestros.

APLICACIÓN PARA LA VIDA. Hoy día, como en siglos pasados, los falsos maestros se han infiltrado en nuestras iglesias, universidades bíblicas e instituciones cristianas. Las verdades de Dios, como se encuentran en la Biblia, son de valor infinito y están bajo ataque. ¿Qué precio estás dispuesto a pagar para defender la verdad de Dios? ¿Estás listo para ponerte al lado de Judas y contender "ardientemente por la fe que ha sido una vez dada a los santos" (v. 3)? Si es así, estás juntamente con Judas en la larga fila de soldados cristianos fieles que han respondido al llamado y luchan la buena batalla de la fe.

Dónde encontrarlo

Oración. Señor, ayúdame a ver la urgencia de la hora y a comprender que tu Palabra está bajo ataque. Quiero caminar junto a otros que fielmente señalan a Cristo con sus palabras y conducta.

El conformismo no es una opción para los cristianos. ¡Debes luchar fervientemente por la fe!

Apocalipsis

*La revelación de Jesucristo, que Dios le dio,
para manifestar a sus siervos las cosas que deben
suceder pronto; y la declaró enviándola por
medio de su ángel a su siervo Juan (1:1).*

Tema: La revelación de Jesucristo
Fecha de escritura: 94–96 d.C.
Autor: Juan
Escenario: Isla de Patmos

APOCALIPSIS destaca la revelación de Jesucristo. La palabra "apocalipsis" significa "revelar" o "quitar el velo" (1:1). Dios comenzó el proceso de revelarse a la humanidad desde el primer versículo de la Biblia en Génesis. Ahora el libro de Apocalipsis nos muestra que el clímax de la revelación está llegando; las promesas de Dios del regreso de Cristo están a punto de ser cumplidas. Jesús, el Siervo Sufriente y la máxima revelación de Dios, regresará a la tierra con toda su gloria y poder. Él conquistará a todos los que le han desafiado o le desafiarán, y rescatará a su pueblo elegido. La historia finalmente será completada; el tiempo cesará y toda la creación será de nuevo envuelta en la eternidad.

APLICACIÓN PARA LA VIDA. El libro de Apocalipsis revela las primeras señales de que el Rey viene en juicio. Si eres transigente con el mundo, este libro te anima a centrarte de nuevo en Jesús y su voluntad. Si se ha enfriado tu celo por el regreso del Señor, este libro debería servirte de motivación para alcanzar nuevos niveles de diligencia mientras miras y esperas al Señor. El Señor viene. ¿Estás preparado?

Dónde encontrarlo

Dios controla a todas las personas y eventos.
   … Esto debería darte confianza para el futuro.

La justicia y la rectitud de Dios prevalecerán al final.
   … Esto debería darte aliento para cada día.

Dios te otorgará un día la perfección y la gloria en el cielo.
   … Esto debería darte esperanza para la eternidad.

Dios es digno de adoración en todo momento.
   … ¡Esto debería darte razones para alabarle ahora!

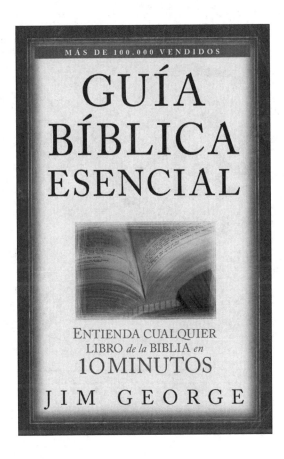

GUÍA BÍBLICA ESENCIAL

ENTIENDA CUALQUIER LIBRO *de la* BIBLIA *en* 10 MINUTOS

JIM GEORGE

La *Guía bíblica esencial* es el recurso perfecto para una visión rápida y útil de cada libro de la Biblia. Aquí descubrirá…

- El tema principal y los puntos más destacados de cada libro
- Los hombres y mujeres clave de Dios y lo que puede aprender de ellos
- Los principales sucesos de la historia de la Biblia y su significado
- Aplicaciones personales para el crecimiento espiritual y la vida diaria

Encontrará que esta es una guía clara, práctica y fascinante que merece la pena tener a mano cerca de su Biblia en todo momento. Excelente para todo aquel que quiera saber más sobre la Biblia y tener una mayor relación con la Palabra de Dios.

GUÍA DE **BIOGRAFÍAS**
BÍBLICAS

Conozca
a los hombres
y las mujeres
de la Biblia
en 10 minutos

JIM GEORGE

¡De la pluma del autor del éxito de librería *Guía bíblica esencial* llega un fascinante estudio de 50 hombres y mujeres excepcionales de la Biblia!

Aunque los hombres y mujeres de la Biblia vivieron hace siglos, las lecciones que podemos aprender de ellos son poderosamente relevantes hoy día. Sus vidas nos recuerdan que a Dios le complace llevar a cabo obras extraordinarias a través de gente normal y corriente.

LAS **50** ENSEÑANZAS **MÁS IMPORTANTES DE LA BIBLIA** Y LO QUE SIGNIFICAN PARA TU VIDA

JIM GEORGE

Jim George, autor de varios grandes éxitos de librería, expone 50 enseñanzas clave que abordan los elementos más esenciales de la fe, incluyendo: la Biblia es el manual definitivo para la vida, Dios está aquí y no guarda silencio y el Espíritu Santo es el arma secreta de todo cristiano.

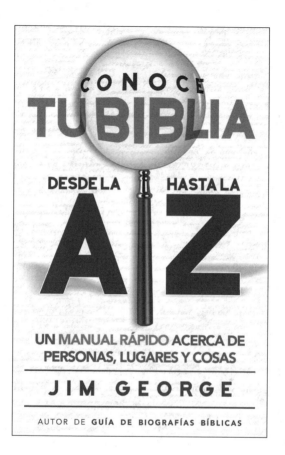

CONOCE
TU BIBLIA
DESDE LA   HASTA LA
A|Z
UN MANUAL RÁPIDO ACERCA DE
PERSONAS, LUGARES Y COSAS

JIM GEORGE

AUTOR DE **GUÍA DE BIOGRAFÍAS BÍBLICAS**

Jim George ayuda a los lectores a obtener una comprensión más amplia y
más rica de la Biblia. Se incluyen más de 150 temas cuidadosamente selec-
cionados que ofrecen información fascinante acerca de importantes acontecimientos históricos, costumbres y prácticas culturales interesantes y personas
y lugares importantes. La gran mayoría de los temas incluyen aplicaciones
personales para hoy.

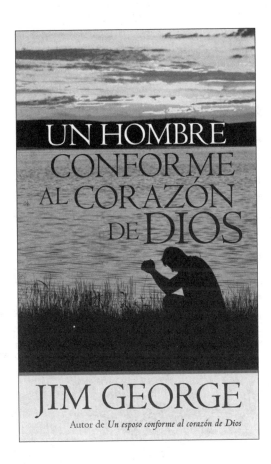

En este libro, el autor da a conocer el designio perfecto de Dios sobre cómo llegar a ser un hombre que influya de manera eficaz en todos los aspectos clave de su vida. Obtenga la fuerza y sabiduría que resultan de buscar a Dios por medio de su realización como una persona conforme al corazón de Dios.

La influencia
de un hombre
de Dios

Cómo vivir la vida con
resultados duraderos

JIM GEORGE

Autor de *Un hombre conforme al corazón de Dios*

La genuina influencia de un hombre comienza en su relación con Dios, la fuente de poder en la vida cristiana. En este libro, Jim George nos presenta los secretos para convertirse en un hombre de Dios que influye en otros.

- Desarolle las disciplinas para tener una vida diaria poderosa.
- Descubra las claves para tratar con los retos de la vida y el cumplimiento de sus metas.
- Defina las metas que darán a su vida dirección y propósito.

UN LÍDER CONFORME AL CORAZÓN DE DIOS

15 maneras de ejercer un liderazgo fuerte

JIM GEORGE

La Biblia está repleta de personajes increíbles, y Nehemías destaca de manera prominente entre ellos. ¿Por qué fue tan eficaz, tan influyente? La respuesta comienza con saber lo que Dios quiere de un líder. Del ejemplo de Nehemías, los lectores aprenderán 15 formas de liderar con propósito. Puesto que Dios es quien nos facilita todas las cosas, estas cualidades singulares están al alcance de todo creyente. Los lectores experimentarán una satisfacción real al tomar medidas para convertirse en un líder conforme al corazón de Dios.

EDITORIAL
PORTAVOZ

NUESTRA VISIÓN

Maximizar el efecto de recursos cristianos de calidad que
transforman vidas.

NUESTRA MISIÓN

Desarrollar y distribuir productos de calidad —con
integridad y excelencia—, desde una perspectiva bíblica y
confiable, que animen a las personas a conocer y servir a
Jesucristo.

NUESTROS VALORES

*Nuestros valores se encuentran fundamentados en la
Biblia, fuente de toda verdad para hoy y para siempre.
Nosotros ponemos en práctica estas verdades bíblicas como
fundamento para las decisiones, normas y productos de
nuestra compañía.*

Valoramos la excelencia y la calidad.
Valoramos la integridad y la confianza.
Valoramos el mérito y la dignidad de los individuos
y las relaciones.
Valoramos el servicio.
Valoramos la administración de los recursos.

Para más información acerca de nuestra editorial y los
productos que publicamos visite nuestra página en la red:
www.portavoz.com.